新3観点対応！

中学校 数学科

「問題解決の授業」の

テスト問題＆
学習評価
アイデアブック

相馬一彦・谷地元直樹 編著

明治図書

はじめに

　数学科の観点別学習状況の評価ではテスト問題の比重が大きくなりますが，テスト問題をどのように作成して，どのような視点で評価したらよいかについて，実践研究や著書として公にされることは多くありませんでした。本書の関連書である『単元指導計画＆略案でつくる中学校数学科「問題解決の授業」』（学年別・３分冊，本書では『略案』とする）でも，「単元指導計画」と「略案形式の学習指導案」を例示しましたが，評価やテスト問題については取り上げていません。

　本書では，『略案』の執筆者が，担当したそれぞれの単元について，「問題解決の授業」を踏まえて作成したテスト問題とその評価の視点などの具体例を紹介します。

　本書は，次の４章構成になっています。

• Chapter 1
　「問題解決の授業」の学習評価とテスト問題作成のポイントについて，観点別学習状況の評価の３観点を踏まえて相馬と谷地元がまとめました。

• Chapter 2～4
　全学年・全単元について単元末のテスト問題例を取り上げました。
　問題例は１単元につき３問で，「知識・技能」の観点と「思考・判断・表現」の観点に対応する例が各１問です。あと１問は，「知識・技能／主体的に学習に取り組む態度」または「思考・判断・表現／主体的に学習に取り組む態度」の観点に対応する例です。
　「主体的に学習に取り組む態度」については，この観点だけを評価するのではなく，「知識・技能」や「思考・判断・表現」と関連付けて評価しています。

　本書が，数学科での「問題解決の授業」と学習評価，テスト問題を一体化するための一助となれば幸いです。

　2022年５月

　　　　　　　　　　　　　　　　　　　　　　　　　　　　　　　　編著者

Contents

Chapter 3

第2学年　テスト問題＆学習評価アイデア

Chapter4

第3学年　テスト問題&学習評価アイデア

1 数学科　3観点の学習評価のポイント

1 これまでの蓄積を生かした評価

　平成29年改訂学習指導要領に伴う資質・能力の三つの柱の育成を踏まえて，観点別学習状況の評価の観点が，4観点から「知識・技能」「思考・判断・表現」「主体的に学習に取り組む態度」の3観点に変わった。観点は変わったが，この3観点はこれまでの観点別学習状況の評価においても重視してきたものであり，これまでになかった新しい評価をするということではない。このことを確認した上で3観点の学習評価に取り組みたい。

　平成元年改訂学習指導要領が目指す学力観（自ら学ぶ意欲や思考力，判断力，表現力などの育成を基本とする「新しい学力観」）に伴って「関心・意欲・態度」の評価が一層強調され，評価規準という用語も用いられるようになった。観点別学習状況の評価が大切にされてきたこの30年ほどで，確認されたり方向が定まったりしてきたことがある。

　例えば，次のようなことである。

- ・1単位時間の中で4つの観点すべてについて評価規準を設定し，そのすべてを評価することは現実的には困難である。
- ・1単位時間当たり1，2回の評価回数となるよう指導と評価を計画する。
- ・評価結果を記録する機会を過度に設定することのないようにする。
- ・挙手の回数や提出物の有無などの行動面だけで「関心・意欲・態度」の評価をしない。

このようなことは，これからも変わらない。各先生や学校としてこれまで蓄積してきたことを生かして，生徒の学習改善と教師の授業改善につながる評価を工夫していきたい。

2 授業あっての評価

　学習評価においては，「指導と評価の一体化」が強調され続けてきた。これからも大切かつ基本的な視点である。

　観点別学習状況の評価が強調された頃は，評価に焦点を当てるばかりに「評価のための授業」と思われるような授業を参観することもあった。例えば，学習指導案に評価のための細かな記述が数多くあり，「50分の授業でこんなに評価できるのか？」と心配になったことがあった（実際にできているとは思えなかった）。また，机間指導では，用意した座席表に生徒全員の評価を書き込むことに多くの時間を費やしている授業もあった。

　「授業あっての評価」である。当たり前のことであるが，授業で目標にしていたことが達成されずにそれを評価することはできない。また，評価そのものが目的になってはならない。「できた」「わかった」「考えることが楽しい」という授業を行ってその授業の目標が達成され

ると，評価は自ずとついてくるように思う。

3 「評価疲れ」にならない評価

『評価規準の作成，評価方法等の工夫改善のための参考資料（中学校　数学)』（国立教育政策研究所，平成23年11月）では，次のようなことが指摘されている。

> ある単元（題材）において，あまりにも多くの評価規準を設定したり，多くの評価方法を組み合わせたりすることは，評価を行うこと自体が大きな負担となり，その結果を後の学習指導の改善に生かすことも十分できなくなるおそれがある。

評価規準の作成や観点別学習状況の評価に取り組むことは大切であるが，評価に関する資料の作成や処理などに多くの時間を使い「評価疲れ」が指摘されることもあった。学習評価に当たっては，大きな負担になることなく，日常的に継続できる評価にするための工夫や改善を進める必要がある。例えば，毎時間の授業ですべての生徒について評価に関する記録を残すのではなく，「内容のまとまりごとに」ということを基本にして，「評価疲れ」にならない評価を継続したい。

4 「主体的に学習に取り組む態度」の評価

ペーパーテストなどで評価できる「知識・技能」と「思考・判断・表現」の観点に比べて，「主体的に学習に取り組む態度」という情意的な側面の評価は難しい。これまでも「関心・意欲・態度」の評価をどのように行ったらよいかということが課題にされてきた。

私たちがこれまで取り組んできた「関心・意欲・態度」とこれからの「主体的に学習に取り組む態度」について，『「指導と評価の一体化」のための学習評価に関する参考資料（中学校数学)』（国立教育政策研究所，令和2年3月）では，次のように述べられている。

> 従前の「関心・意欲・態度」の観点も，各教科等の学習内容に関心をもつことのみならず，よりよく学ぼうとする意欲をもって学習に取り組む態度を評価するという考え方に基づいたものであり，この点を「主体的に学習に取り組む態度」として改めて強調するものである。

基本的な違いはないことを踏まえて，これまで行ってきた「関心・意欲・態度」の評価の蓄積を生かした評価を継続したい。なお，「主体的に学習に取り組む態度」の評価として，授業の最後に毎時間「振り返り」を記述させるようにしたという先生もいるが，これは生徒にとっても教師にとっても負担が大きい。また，その記述内容をどのように評価につなげるのかということは簡単ではない。さらに，本当は授業のまとめをしたり練習で定着を図りたいのに，時間がなくなったので「振り返り」を優先するという授業を参観したこともある。

主体的に学ぶ力を育てる授業あっての「主体的に学習に取り組む態度」の評価である。このことを前提に，長期的な視点をもって，ゆとりある評価を行いたい。

2 テスト問題作成のポイント

1 授業とテスト問題の一体化

　25年ほど前になるが，拙著『数学科「問題解決の授業」』（明治図書，1997）の中で，テスト問題に関連する次のような課題意識を紹介した。

> 　授業では「結果だけではなく過程を大切に」ということを強調したとしても，テストでは答えだけを重視したり，授業によく参加していなくてもできるようなテスト問題では，授業で強調したことが定着しないのではないか。授業への生徒の意欲が欠けてくるのではないか。

　テスト問題は，生徒にとって大きな関心事である。どのようなテスト問題を出題するのかということは，生徒の授業への取組にも大きく影響する。テスト問題の改善と工夫によって，生徒の学力観を望ましい方向に導いたり，主体的に学ぶ力を高めることもできるように思う。テスト問題の作成では，「授業との関連を重視したテスト問題」を基本にしたい。授業とテスト問題の一体化である。

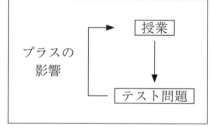

　このような視点から，本書 Chapter 2〜4のテスト問題＆学習評価アイデア（学年別）では，『略案』で紹介した「問題解決の授業」を行ったことを踏まえた単元末のテスト問題と評価の視点などを例示している。各単元での見開き2ページの構成は，次の通りである。

```
1　評価規準　　　　　　　……設定した評価規準を示す
2　テスト問題　　　　　　……『略案』の授業を踏まえた単元末のテスト問題例を示す
3　問題作成のねらい　　　……行った授業との関連を重視して作成のねらいをまとめる
4　評価の視点および解答例……単元末のテスト問題での評価について具体的に記述する
5　学習評価アイデア　　　……各単元での観点の評価についてポイントや例などを示す
```

2 3観点とテスト問題

　単元末のテスト問題は，設定した単元の評価規準と実際に行った授業を踏まえて作成される。作成に当たっては，「知識・技能」「思考・判断・表現」「主体的に学習に取り組む態度」の3観点をバランスよく組み込むことが大切である。

３観点を踏まえたテスト問題の作成に当たっては，次の点に留意したい。

□観点は「主として」「重点」

　１つのテスト問題が，３観点の１つだけに対応するということはない。「思考・判断・表現」の観点のテスト問題だとしても，その問題を解決するときには知識及び技能も必要になる。また，その逆もある。テスト問題での観点を「主として」「重点」と捉えて問題を作成したい。

　「主として」「重点」ということは，テスト問題だけではなく日常の授業における評価においても同様である。

□領域や単元に応じた観点

　テスト問題で，３観点の問題数をどの単元でも同じにする必要はない。領域や単元に応じて，観点ごとの問題数には違いが生じるであろう。例えば，数と式の領域では「知識・技能」の観点でのテスト問題が比較的多くなり，図形の領域では「思考・判断・表現」の観点が重視されることが多い。単元の目標と単元の評価規準を確認し，それに基づいてテスト問題での評価規準を設定して問題を作成したい。

□テスト問題での「主体的に学習に取り組む態度」の評価

　学習内容と切り離して「主体的に学習に取り組む態度」だけを評価することはできない。また，他の観点と切り離して「主体的に学習に取り組む態度」だけをテスト問題で評価することもできない。

　本書では，学習内容に基づいたテスト問題で，その記述内容を通して他の観点と関連付けて「主体的に学習に取り組む態度」も評価している。

3　テスト問題と授業改善

　『児童生徒の学習評価の在り方について（報告）』（中央教育審議会，平成31年１月）では，学習評価の基本的な方向性が次のように示されている。

> ①　児童生徒の学習改善につながるものにしていくこと
> ②　教師の指導改善につながるものにしていくこと
> ③　これまで慣行として行われてきたことでも，必要性・妥当性が認められないものは見直していくこと

　これらは大事な指摘である。テスト問題作成とその採点も，生徒の学習改善と教師の授業改善のためのよい機会になる。生徒の解答の記述内容から，「○○さんは△△のような理解ができている。」「指導したつもりだったが定着していない。なぜだろうか。」など，生徒の個人内評価につながったり，行った授業を振り返るきっかけになることも多い。テスト問題をこのような機会としても位置付けたい。また，○×をつけるだけの採点ではなく，部分点を与えたり，よい点や気を付ける点にコメントを加えたりすることは，生徒の学習改善や学習意欲にもつながるであろう。

3 「知識・技能」の学習評価とテスト問題

1 「知識・技能」の評価のあり方

　「知識・技能」は，学習の過程を通した知識及び技能の習得状況についての評価を行うものである。従前の「知識・理解」と「技能」が1つの観点にまとめられ，別々のものとして評価する必要がなく，資質・能力とのつながりがわかりやすくなっ

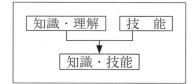

た。また，身に付けるべき知識や重要な概念を理解し，正しく技能を身に付けているかどうかを見取りやすくなった。特に，知識及び技能は数学を学ぶ上での土台となるため，思考力，判断力，表現力等や学びに向かう力，人間性等を下支えする役割を果たすと考えられる。

　実際の授業では，「わかってできる」ことだけを重視することなく，数学の用語や記号を用いることの意味や必要性にふれたり既習内容との関連を説明したりすることで，その単元で必要な知識を身に付けているかどうか，重要な概念等を理解しているかどうかを評価することができる。また，具体的に計算したり表・式・グラフで表現したりすることを通して問題を解決することで，技能の習熟が正しく図られているかどうかを見取ることができる。このように「知識・技能」は，数学を学ぶ必要性や意義を知る上で欠かすことのできない観点であるため，生徒が授業を通して学んだこととテスト問題との関わりを意識しながら，適切に評価することが重要である。

2 テスト問題作成における工夫と留意点

　「知識・技能」のテスト問題では，用語や記号の意味などの知識を評価したり，数学における基本的な技能を評価したりすることはこれまでと同様に必要である。さらに，単元内の習得状況を見取るだけではなく，既習の知識及び技能を振り返りながら知識や技能を活用できるかどうかを評価するようにする。

　テスト問題作成における工夫として，生徒のノートを参考にするようにしたい。ノートに記述している内容からは，何をどのように理解しているのかを読み取ることができるので，授業で評価したことをテスト問題に関連付けて出題することが可能となる。さらに，教科書の練習問題を参考にすることがあげられる。教科書の例題には，別解などが掲載されているので，授業内容と関連させながらテスト問題を作成することもできるであろう。

テスト問題を作成する上では，次の2点に留意したい。

---

① 用語や言葉の意味の確認だけではなく，知識の概念的な理解を問うようにする。

② 問題の答えを問うだけではなく，過程や理由を記述させるようにする。

---

①は，概念や性質の理解に裏付けられた確かな知識及び技能を評価することである。全国学力・学習状況調査（以下，全国調査）では，計算の意味や処理の根拠となる性質等，知識及び技能の背景にある概念や性質についての理解に課題が見られることが継続的に指摘されている。そこで，単に覚えるだけの知識及び技能に留まることなく，単元で身に付けるべき知識の概念的な理解を問うようなテスト問題を作成するようにしたい。

例えば，第1学年「1次方程式」では，等式の性質を用いて移項の意味理解を問う評価場面がある。ここでは［テスト問題A］のように，「符号を変えて項を移す」という知識を見取るために，移項した式を問うこともできる。一方で，［テスト問題B］のように，答えさせることで，等式の性

テスト問題A

アには x の項，イには数の項を移項した式を書きなさい。

$3x-7=2x-5$

$\boxed{ア} = \boxed{イ}$

テスト問題B

アに当てはまる等式を書きなさい。

$3x-7=2x-5$

$\boxed{ア}$

$x=2$

質をどのように用いているのかを見取ることができる。このように，知識の概念的な理解を問うには，具体的な記述内容から適切に評価することが必要であろう。

②は，テスト問題の設問のバランスに配慮することである。例えば，速く正確に計算できることだけを評価することなく，問題の答えさせ方を工夫して「知識・技能」を質的に評価することを意味している。単元や領域によっては，どうしても知識の習得に偏ったり，技能の習熟に陥りやすい場合がある。しかし，生きて働く知識及び技能を身に付けているかどうかを見取るためには，答えに至るまでの過程に着目することが大切である。

例えば，第2学年の「1次関数」では，$y=ax+b$ の変化の割合を答えさせる評価場面がある。「変化の割合は a と一致する」ことを暗記している生徒は，「x の係数が変化の割合である」ことは答えられるが，それだけでは知識の概念的な理解が伴っているかどうかを見取ることはできない。右の［テスト問題C］のように，求める過程の手順を追って記述させることで，変化の割合の意味理解と求めるための技能面を同時に評価することができるであろう。

テスト問題C

$y=-2x+5$ で，x の値が1から3まで増加するときの変化の割合を，次の手順で求めなさい。

① x の増加量を求める

② y の増加量を求める

③ 変化の割合を求める

---

4 「思考・判断・表現」の学習評価とテスト問題

1 「思考・判断・表現」の評価のあり方

　「思考・判断・表現」は，従前と同様に重視される観点である。問題を解決するためには，「どのように考えるとよいか」といった見方や考え方を働かせることが重要であり，解決するために必要な思考力，判断力，表現力等を身に付けているのかを適切に評価することが大切である。

```
学習指導要領に     思考力，判断力，
示す目標や内容      表現力等
        ▽
観点別学習状況
評価の観点         思考・判断・表現
```

　「思考・判断・表現」は，授業内でのノートの記述や発表内容，話し合い活動の様子やレポートなどから評価することができる。授業計画の段階で「思考・判断・表現」を評価する場面を設定し，授業内容と関連させた内容をテスト問題として出題することで，問題をどのように解決するかの過程を見取ることができる。

　実際の授業では，「事柄の理由を説明する」「問題の解決方法を説明する」等といった数学的に表現する活動を取り入れたい。例えば，最初からノートに記述することを求めるのではなく，予想したり方針を立てたりしながら口述で表現するなどの工夫をする。問題を解決する際に「思考したこと」を「記述し表現すること」につなげられるように指導し，テスト問題を通して適切に評価することを大切にする。このように「思考・判断・表現」は，問題を解決する際に考えたこととそれを表現する上での重要な観点でもあるため，授業で学んだこととテスト問題との関わりを意識しながら評価するようにしたい。

2 テスト問題作成における工夫と留意点

　「思考・判断・表現」は短答式問題だけで評価するのではなく，記述式問題で評価することも必要である。一方で，評価規準を設定する際には，生徒に説明させることの中身を吟味しなければ，「わかっていても書けない」など無解答も起こりやすくなり，一人ひとりの学習状況を見取ることには至らない。

　テスト問題作成における工夫として，板書を参考にするようにしたい。板書に残されている生徒の予想や意見，解決の際に出された多様な考えを拾い上げることで，授業で扱った内容を踏まえながらテスト問題を作成することができる。さらに，テスト問題作成の工夫として，授業での「主な発問」を設問に取り入れることもあげられる。授業では「主な発問」から学習が深まり，生徒が自分なりに考え始めるので，授業内容と関連させながらテスト問題を作成することも考えられる。

テスト問題を作成する上では，次の2点に留意したい。

---

① 授業で生徒が身に付けた考えや表現の変容が見える設問を取り入れる。

② すべてを記述させるだけではなく，事柄を絞るなど解答のさせ方を工夫する。

---

①は，答える過程で生徒の考えや表現したことの変容を記述内容から見取ることを指す。「思考・判断・表現」を見取るためには，身に付けた知識及び技能をもとに記述することになるが，覚えたことを解答欄に羅列するようなことは避けなければならない。そこで，生徒の考えや表現した事柄が，記述によって具体的に表出されるようなテスト問題を作成したい。

例えば，第2学年の「多角形の内角の和」では，多角形の内角の和の求め方を問う評価場面がある。ここでは［テスト問題A］のように，補助線をひかせて内角の和を求める方法を問うことができる。

一方，［テスト問題B］では，補助線のひき方を覚えるだけでは正しい式を選択し，その理由を記述することは難しく，補助線のひき方と式との関連を見極め判断する力が問われる。

テスト問題A

右の図を使って六角形の内角の和を求める方法を説明しなさい。

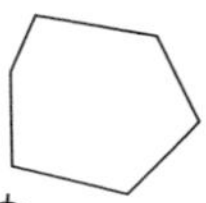

テスト問題B

次の①と②で，右の六角形の内角の和を求める式はどちらですか。選んだ理由も答えなさい。

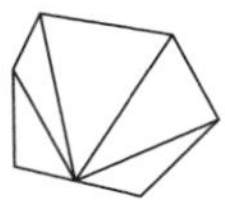

① $180° \times 6 - 360°$　② $180° \times 5 - 180°$

---

②は，解答のさせ方を工夫することを指す。全国調査の記述問題では，「思考・判断・表現」を見取る設問に対する無解答の多さが指摘されてきた。また，これまでのテスト問題では，すべての解答を記述させる問題が多かったとも考えられる。単元や領域によっては違いがあるものの，「思考・判断・表現」を見取るためには，問題の内容を検討することと合わせて，解答のさせ方にも留意したい。

例えば，第3学年「2次方程式の解き方」では，2次方程式の解き方の使い分けの評価場面がある。どのように考えて解く方法を判断したのかをすべて記述させることは難しいが，［テスト問題C］のように，授業同様「➡」を使って解答させることで，2次方程式を解くための手順や解き方の使い分けなど，生徒の考えの理由や判断した根拠を見取ることができるであろう。

テスト問題C

次の2次方程式を解くとき，これまで学んだ解き方をどのように使い分けますか。「➡」を使って手順を説明しなさい。

① $2x^2 - 10x + 6 = 0$　② $2x^2 - 3x + 1 = 0$

③ $x^2 - x - 72 = 0$　④ $4x^2 = 9$

解答例

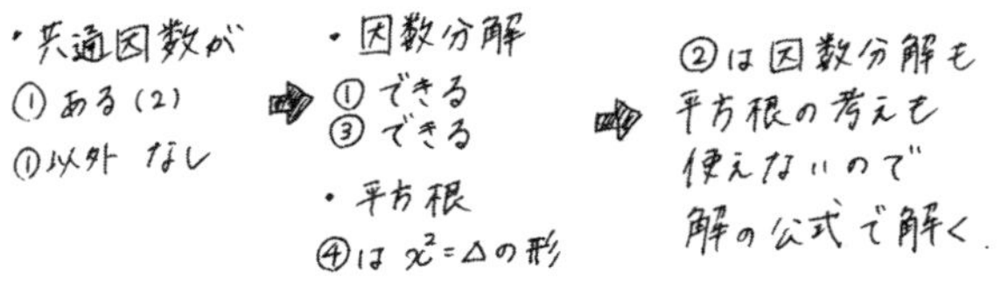

・共通因数が
①ある（2）
①以外 なし

・因数分解
➡ ①できる
③できる

・平方根
④は $x^2 = \triangle$ の形

➡ ②は因数分解も
平方根の考えも
使えないので
解の公式で解く。

---

5 「主体的に学習に取り組む態度」の学習評価とテスト問題

1 「主体的に学習に取り組む態度」の評価のあり方

　「主体的に学習に取り組む態度」を評価するためには，生徒自身が学習状況を把握し，試行錯誤しながら学びを進めているかどうかという意思的な側面を適切に見取ることが重要である。従前の「関心・意欲・態度」の評価では，授業中の取組（挙手・発言数など）や授業外の取組（宿題の提出状況など）を見取ることがよいとした誤解もあったとの反省もある。生徒の学びの変化や成長の過程を適切に捉え，単元を通して何ができるようになったのかを見取るようにしたい。

　主体的に学ぶ力を長期に渡って意図的に育てることにより，数学の授業を通して生徒が自己の成長を実感し，それに伴って単元全体への学びを深めることが望ましい。単元テストにおいては，「こうした問題がテストに出されるなら，普段から取組を工夫しよう！」と思えるようなテスト問題を第1学年から継続して出題することで，普段の授業での態度や取組，単元全体を通した学ぶ姿勢を身に付けることができるのではないだろうか。

　実際の授業では，「友達の考えから自分の考えを見直す」「多様な考えを比較する中で自分を振り返る」といった数学的活動を通した授業を継続するようにしたい。また，生徒の発言の様子や表情，ノートを見返したり互いに相談したりしている様子を教師が掴むことが大切であろう。さらに，学びの足跡として，単元ごとに振り返りを記入するシート（『「指導と評価の一体化」のための学習評価に関する参考資料（中学校　数学）』，国立教育研究所，令和2年3月）も併用し，テスト問題の中で自分の学びを振り返ることができるように指導することも大切である。

2 テスト問題作成における工夫と留意点

　「主体的に学習に取り組む態度」は，単独の観点としてテスト問題で評価することは難しい。また，採点を行って点数化することも難しい。そこで，授業内や授業外での見取りはもちろんのこと，テスト問題を活用しながら評価するようにしたい。

　テスト問題作成における工夫として，単元全体の学習活動を通して見取ってきた生徒のノートやレポート，振り返りシートなどを参考にすることができる。さらに，問題を解決する場面での生徒の発言や行動記録などをメモしておくことで，授業と関連付けながらテスト問題作成ができるであろう。

　テスト問題を作成する上では，次の2点に留意したい。

①　「知識・技能」および「思考・判断・表現」を見取るテスト問題と一体的に評価する。
②　具体的な問題を解決する過程の中で，記述内容から生徒の学びの様子を読み取る。

①は，「知識・技能」及び「思考・判断・表現」を評価するテスト問題の中で，「主体的に学習に取り組む態度」も見取ることを指す。「主体的に学習に取り組む態度」は，点数化することはできないが，評価の視点を踏まえて記録することはできる。

例えば，第3学年の「式の展開と計算」では，展開の公式を利用して式の値を求める授業が行われる。こ

> **テスト問題A**
>
> $x=-\dfrac{1}{2}$，$y=\dfrac{1}{3}$のとき，次の式の値を求めなさい。また，その求め方のよいところを他の方法と比較しながら説明しなさい。
>
> $(x-y)^2-(x+y)^2$

こでは，式の値を計算する技能とよりよい求め方を追求しようとする態度の両方の評価規準を設定し，右の［テスト問題A］を出題することが考えられる。

もし途中で計算ミスがあり「知識・技能」が「おおむね満足できる」状況（B）となったとしても，単元全体を振り返り，「①そのまま式に代入する」「②展開をしてから代入する」「③因数分解してから代入する」といった方法と比較し，効率がよいと判断した根拠が示されていたり既習の学びを活用していたりする記述を読み取ることができれば，「主体的に学習に取り組む態度」は「十分満足できる」状況（A）と判断することができる。

②は，問題を解決する設問の中で具体的に記述させることを通して，生徒の学びの様子を評価することを指す。学習に粘り強く取り組み，その中で自らの学習を調整しようとすることが求められている以上，生徒が記述している内容を通して問題を解決する様子や単元全体の学習状況を見取る必要がある。

例えば，第1学年「方程式の活用」では，方程式を用いて問題を解決することの必要性を生徒自身が実感するような授業が行われる。単元の学習を進めるにつれて，方程式を具体的な場面で活用することの理解が深まることを踏まえ，右の［テスト問題B］をもとに「主体的に学習に取り組む態度」を評価することができる。

このテスト問題からは，「方程式を使わなかったら…」と考えたり「何を文字にすればよいか」などと方程式を活用して問題を解決する手順を振り返ったりする記述から，「主体的に学習に取り組む態度」を見取ることができるであろう。

> **テスト問題B**
>
> 36人が2つの班に分かれて，ケーキ工場とパン工場の見学に行きます。ケーキ工場に行く人数をパン工場に行く人数の2倍より3人少なくないように調整します。
>
> このとき，方程式を使って考えた方がよいかどうかを，問題の答えを求めながら説明しなさい。

1 「正の数，負の数」のテスト&評価

1 「知識・技能」のテスト問題例

1 評価規準

・正の数，負の数の大小の関係を考え，不等号を用いて適切に表すことができる。

2 テスト問題

次の①〜③は正しいですか。正しいときは〇を，誤っているときは理由と正しい答えを書きなさい。

① −2と−5の大小を不等号で表すと，−2 ＞ −5 となる

② −0.5，$-\frac{2}{3}$，−1の大小を不等号で表すと，−0.5 ＜ $-\frac{2}{3}$ ＜ −1 となる

③ 5，−1.5，−2.5の大小を不等号で表すと，−1.5 ＜ 5 ＞ −2.5 となる

3 問題作成のねらい [『略案』第1学年 p.19，授業例3]

このテスト問題では，自然数や整数，正の数や負の数の大小関係を理解しているかどうか，不等号を用いて表現できるかどうかを評価する。

『略案』では，右のような不等号の誤った表し方を問題として提示し，直観的な予想をもとに数の大小を正し

> 3つの数の大小を，不等号を使って次のように表した。正しいだろうか。
> −1 ＜ +3 ＞ −1.5

く表現する方法を学習している。特に「これで何が不十分なのか？」という疑問を引き出し，「−1.5と−1の大小関係がはっきりしない」という考えを表出させることで，数直線と同じ並び方に修正する必要があることに気付かせる授業を行っている。

①は，負の数の大小関係を確認する問題である。ここでは不等号の用い方を想起させ，②，③を解決するために必要な設問であると考えた。②は，3つの負の数の大小関係を確認する設問である。特に，小数と分数を入れたことで，揃えて考えることや絶対値の意味理解を図る問題とした。③は，適切に不等号を用いて数の大小を表すことができるかどうかを明らかにする問題である。授業では，わかりやすい表し方の解答例として，−1.5 ＜ −1 ＜ +3，+3 ＞ −1 ＞ −1.5 を扱っているので，2つの表し方が出されるであろう。

4 評価の視点および解答例

【「おおむね満足できる」状況（B）】
・正の数，負の数の大小の関係を考え，不等号を用いて表す方法を理解している。

【解答例】
① （答）○

② $-\dfrac{2}{3}$を小数に直すと$-0.666\cdots$になる。-0.5より$-\dfrac{2}{3}$の方が小さいから

$$（答）-1 \ < \ -\dfrac{2}{3} \ < \ -0.5, \ (-0.5 \ > \ -\dfrac{2}{3} \ > \ -1)$$

③ ・小さい順に並べるから　　・数直線と同じ順にするから　など

$$（答）-2.5 \ < \ -1.5 \ < \ 5, \ (\ 5 \ > \ -1.5 \ > \ -2.5\ )$$

　このテスト問題では，間違っている理由の記述や不等号を用いた数の大小の表現方法などから「知識・技能」を評価する。なお，①～③のすべてを【解答例】のように答えることで，「おおむね満足できる」状況（B）と判断できる。

　さらに，解答に次のような記述が具体的に示されていれば，「十分満足できる」状況（A）と判断することができる。
　・②で，「負の数は絶対値が大きいほど小さくなる」ことにふれている　など
　・③で，「-1.5と-2.5の大小がわからない」「小さい順（大きい順）に並べた方が，数の大小がわかりやすい」といった説明がある　など

　なお，本テスト問題では，正誤を判断させて理解を問う形で評価を行っている。初めから不等号を用いて数の大小関係を表現させたり，設問数を増やして理解の状況を深く見取ったりすることも可能である。

5 学習評価アイデア

　本単元の計算に関する指導は「計算の意味の理解」「計算の方法の発見」「計算の技能の習熟」などに大別できる。「知識・技能」を評価するためには，計算の仕方だけではなく，計算の意味を深く考えさせるようなテスト問題を作成したい。

　本単元の「知識・技能」の評価では，計算の仕方を問うテスト問題に偏らないように注意したい。

　例えば，『略案』（p.20，授業例４）では，3つ以上の加法の計算を扱っている。ここでは，右のようなテスト問題を通して，計算の仕組みの理解や技能の習熟を適切に見取るようにしたい。

> $(-2)+(+7)+(-9)+(+2)$ の計算の答えを，①と②の方法で求めなさい。
> ①　正の項と負の項に分ける
> ②　絶対値の等しい2数を組み合わせる

2 「思考・判断・表現」のテスト問題例

1 評価規準

・「基準との差」に着目し，正の数，負の数を利用することで，具体的な場面で問題を解決することができる。

2 テスト問題

右の表は，ある工場の月曜日から土曜日までの製品の生産数を表しています。このとき，次の問いに答えなさい。

① 6日間の生産数の平均は，28000個より多くなりますか。「基準との差」の考えを用いて説明しなさい。

② この問題で，「基準との差」の考えを用いることのよい点を2つ答えなさい。

月曜日：27484個

火曜日：28621個

水曜日：26752個

木曜日：28352個

金曜日：27903個

土曜日：29248個

3 問題作成のねらい［『略案』第1学年 p.25，授業例9］

このテスト問題では，正の数，負の数を具体的な問題解決の場面で活用できるかどうかを評価する。基準を工夫して設定することにより，正の数，負の数を用いて能率的に計算ができるかどうかを見取るようにしたい。

『略案』では，右の表をもとに，基準との差の意味を考えたり，基準を使って平均を求める方法を見いだしたり

曜日	月	火	水	木	金	土
生産数	17984	イ	17652	18290	エ	
基準との差	ア	121	−348	ウ	−97	

する授業例を紹介している。また，授業の後半では土曜日を追加し，生産数を2通りの方法（❶：合計÷個数，❷：基準＋基準との差の平均）で求める授業展開から，基準との差を用いることのよさや平均の意味理解を深める学習活動を行っている。

本テスト問題の数値は生産数を意図的に多くし，数のばらつきを増やすようにした。それによって，基準との差を用いて説明することの必要性が際立つと考えられる。また，仮平均を用いて考えることのよい点の説明については，授業で「計算するケタが少ない」「基準との差がわかりやすい」などを取り上げている。生徒からは，このような正の数，負の数を利用するよさについてふれる解答が期待される。

4 評価の視点および解答例

【「おおむね満足できる」状況（B）】
・「基準との差」の考えをもとに正の数，負の数を利用することで，生産数の平均を求めることができる。

【解答例】
① 28000個を基準とすると，月曜日から土曜日の基準の差は次のようになる

月：−516　火：621　水：−1248　木：352　金：−97　土：1248

基準の差との合計は360になるので，360÷6＝60

よって，28000＋60＝28060　　（答）28000個より多くなる

② ・計算するケタが少なくなる（計算がしやすくなる）

・正の数，負の数で学んだ計算を使うことができる　など

このテスト問題では，求め方の過程や理由の記述から「思考・判断・表現」を評価する。なお，①と②の両方を【解答例】のように答えることで，「おおむね満足できる状況」（B）にあると判断できる。

さらに，①や②の解答に次のような記述が具体的に示されていれば，「十分満足できる」状況（A）と判断することができる。

・正の数，負の数を用いることで，基準との差の違いがわかりやすくなる

・基準との差の合計が正の数（360）となるので，28000個より多いとわかる　など

なお，このテスト問題では，基準となる28000個を設問に入れている。場合によっては，生徒自身に基準を設定させ，求め方の過程の違いを評価することも可能である。

5 学習評価アイデア

本単元における「思考・判断・表現」の評価は，単元末の活用場面だけではなく，新たな計算の仕方を見いだす場面で見取ることができる。計算の仕組みを考察したり，計算過程を適切に表現したりするようなテスト問題を工夫して取り入れるようにしたい。

本単元では，計算を工夫して行うことを見取る場合がある。

例えば，『略案』（p.24，授業例8）では，分配法則を用いるかどうかの違いから，答えが同じになる理由を追求させている。

この学習を踏まえて，右のようなテスト問題を提示し，小数や分数をふくむ場合には，分配法則を用いることが有用であることを説明できるかを見取ることもできる。

> あなたなら $\left(\dfrac{7}{8} - \dfrac{7}{6}\right) \times (-24)$ の計算をどのようにしますか。計算の仕方とそのように計算する理由を答えなさい。

3 「知識・技能／主体的に学習に取り組む態度」のテスト問題例

1 評価規準

・正の数，負の数を用いた四則の混じった計算の仕方を理解している。　　　　　【知識・技能】

・正しく計算するための順序を振り返り，要点を整理しようとしている。

【主体的に学習に取り組む態度】

2 テスト問題

$(-16) \div 8 - 4 \times (-2^2)$ の計算をするとき，どんなことに気を付けるとミスしないように答えを求められますか。答えを求める過程を書きながら，具体的に説明しなさい。

3 問題作成のねらい ［『略案』第1学年 p.23，授業例7］

このテスト問題では，本単元で学んだ計算の順序を振り返ることで，正しく計算するための要点を整理して説明することができるかどうかを評価する。

『略案』では，右のような正しくない計算を問題として提示し，理由を問う中から正しい計算の仕方を見いだす授業例を紹介している。授業では，「計算の順序をまとめよう。」という教師の発問から，計算の仕方を記述しながら要点をまとめる活動を行っている。

太郎君は次のように計算した。
正しいだろうか。
$$8 - 2 \times (-3^2)$$
$$= 6 \times (+9)$$
$$= +54$$

四則の混じった計算や累乗があるときの計算の仕方を理解するためには，前時までの学びとのつながりを想起し，「どんな順序で計算するのか」を生徒自身が振り返りながら問題を解決する必要がある。実際の授業では，生徒は「累乗の計算がおかしい」「減法を先に計算してよいのか」といった計算が正しくないことに気付き，四則の混じった計算の仕方を考えながら主体的に学習に取り組んでいた。

本単元の学習を踏まえて，本テスト問題では，言葉や式で表しながらミスしないための計算の仕方を具体的に記述できることが期待される。

4 評価の視点および解答例

　このテスト問題における「知識・技能」の評価については，正の数，負の数の計算の理解として，計算過程が正しく示されているかどうかを見取るようにする。また，「主体的に学習に取り組む態度」の評価については，問題の解決過程を振り返り，四則の混じった計算の仕方やその過程を見直しながら，自分の学びを表出しようとしているかどうかを見取るようにする。

　例えば，生徒の解答例❶の「知識・技能」の評価は，途中の計算や答えが正しく求められていることから「十分満足できる」状況（A）と判断できるが，計算の手続きを示していることに留まっているため「主体的に学習に取り組む態度」の評価は「おおむね満足できる」状況（B）と判断することができる。

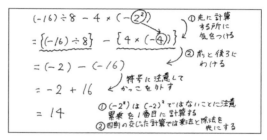

生徒の解答例❶

　さらに，次のような記述が示されていれば，（A）と判断することができる。

・四則の混じった計算の仕方を理解し，計算の順序を適切に示している。

・累乗やかっこをふくむ場合の計算順序についても補足説明を加えている。　など

生徒の解答例❷

　例えば，生徒の解答例❷は四則計算の手順を振り返り，正しく計算するための要点が読み取れるため，「主体的に学習に取り組む態度」の評価は（A）と判断することができる。

5 学習評価アイデア

　本単元で「主体的に学習に取り組む態度」を評価するためには，生徒自身が計算の仕組みや式変形などの操作の全体像を適切に振り返ることができているかどうかを見取ることが重要である。答えが間違っているため「知識・技能」の評価規準を満たしていなくても，学びを深めようとする意欲や姿勢を単元の総括として見取ることを大切にしたい。

　正の数，負の数では多様な計算の仕方があり，多様な考え方を生かして自分なりのやり方で学習を進めることができる魅力がある。例えば，『略案』（p.21，授業例５）では，加法，乗法の交換法則や結合法則を用いて適切に式を変形できるかどうかを学習している。

　この学びを踏まえて，右のようなテスト問題を提示し，これまでの学習を振り返らせながら「主体的に学習に取り組む態度」を評価することもできる。

> 次の計算では，交換法則や結合法則を使うことはできるだろうか。
> $(-1)-(-2)+(-3)-(-4)+(-5)$

2 「文字と式」のテスト&評価

1 「知識・技能」のテスト問題例

1 評価規準

・文字を使った式の積や商の表し方を理解している。

2 テスト問題

　　文字を使った式の表し方にしたがって，正しく表されているものには○を，正しく表されていないものには理由と正しい答えを書きなさい。

① $x \times 7 \times x$　　　　② $a \times (-3) + b \times 1$　　　　③ $(x-y) \div 8$

　$= 7x^2$　　　　　　　　　　$= -3a + 1b$　　　　　　　　　$= \dfrac{(x-y)}{8}$

---

3 問題作成のねらい [『略案』第1学年 p.33, 授業例2]

　『略案』では，右のように積の表し方を例示して生徒にきまりを推測させ，確かめた後に例題で定着を図る授業を行っている。また，次時には，記号÷を使わずに分数の形で商を表す方法を学んでいる。

　このテスト問題では，記号×，÷を省略する際の表し方やか

・$a \times (-5) = -5a$
　→数を先にかく
・$c \times a \times b = abc$
　→アルファベット順に

っこの処理など，文字を使った式の表し方が身に付いているかを問うことで「知識・技能」を評価する。また，次のねらいから，理由を書く設問とした。

・理由の記述により，生徒の理解が不十分な点や説明の仕方を確認できる。コメントや補足を加えることで，個に応じた指導の機会となる。

・テスト解説の際に理由（誤答の場合もふくめ）を紹介することができる。多様な例を扱うことができるので，充実した学び直しの機会となる。

・理由や説明を求める問題は今後もテストで出題される。本テスト問題のように，難しすぎない問題から意図的に経験を積ませることで，記述式の問題に答えようとする姿勢を培う。

4 評価の視点および解答例

【「おおむね満足できる」状況（B）】

・文字を使った式の積や商の表し方を理解している。

【解答例】

① （答）○

② （理由）文字の前の１を省略していないから　　　　（答）$-3a+b$

③ （理由）分子の式は，１つの多項式であることがわ
　　　　かるので，式にかっこは必要ないから　　　　（答）$\dfrac{x-y}{8}$

　このテスト問題では，積や商の表記方法について「知識・技能」の評価をする。①を○と解答し，②，③を【解答例】のように答えることで，「おおむね満足できる」状況（B）にあると判断できる。また，次に示すような②，③の理由の記述から「十分満足できる」状況（A）と判断するものとする。

　②の理由　（B）１を省略していない事実のみを伝えているもの

　　　　　　（A）「係数が１の場合は省略する」など，「係数」についての記述があるもの

　　　　　　　　　　　　　　　　　　　　　　　　　　　　　　　　　　　　　　など

　③の理由　（B）分子にかっこが必要ない事実のみを伝えているもの

　　　　　　（A）「（割線によって）分母と分子が区別されるので」「分子を１つの式とみなすことができるので」のような記述が見られるもの　など

　本テスト問題の設問は３問であるが，商の分母に「－」がついている場合など，他のきまりを問う設問を増やすことで，理解の状況を深く把握することができる。

5 学習評価アイデア

　本単元における「知識・技能」の評価は，「わかる，できる」に重点が置かれる傾向にあるが，それだけではなく，『略案』で示す授業による指導と同様に，用語の意味や式の表し方，計算の意味や方法についての深い理解や納得が得られているかどうかを見取りたい。そのためにも，理由や方法を問う設問を継続してテスト問題に出題することが望ましい。

　例えば，右のテスト問題のように，求め方を記述する設問を出題して理解の確認を図る。一見すると「思考・判断・表現」の問題にも見えるが，「長さを求めて」と方法を指定することで，計算の技能や表し方の理解を見取ることができる。

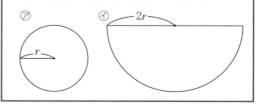

半径 r cmの円⑦と半径２r cmの半円⑦があります。このとき，⑦の円周と⑦の弧の長さは同じでしょうか。それぞれの長さを求めて答えなさい。

2 「思考・判断・表現」のテスト問題例

1 評価規準

・数量を文字を使った式に表し，その理由を説明することができる。

2 テスト問題

> 　右の図のように碁石を正方形の形に並べます。１辺に並ぶ碁石を n 個として，使われる碁石の総数を n を使った式で表すとき，次の問いに答えなさい。
>
> ①　Ａさん，Ｂさんはそれぞれ，次のような式で総数を表しました。図の碁石を囲んでまとまりをつくり，それぞれの考え方を説明しなさい。
>
> 　　Ａさん：$4n-4$　　　　Ｂさん：$4(n-1)$
>
> ② 　碁石の総数を表すＡさん，Ｂさん以外の式をつくりなさい。また，図も活用してその考え方を説明しなさい。

3 問題作成のねらい ［『略案』第１学年 p.31，授業例１］

　『略案』では，右の図について，正方形の個数を x 個としたときのマッチ棒の総数を式に表す授業例を紹介している。考え方の違いにより異なる式がつくられ，それらが同じ量を表すことを確かめる必要性を導いて，結果的に１つの式に集約されることを学んでいる。

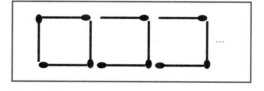

　このテスト問題では，式から考え方を読み取って理由を説明したり，別の考えを見つけて式に表したりすることで「思考・判断・表現」を評価する。多様な見方や考え方は，多くの生徒に身に付けさせたい力である。授業だけでなく，テスト問題でも意図的に扱って評価することで，多様な見方や考え方を培う機会としたい。

4 評価の視点および解答例

【「おおむね満足できる」状況（Ｂ）】

①　式から「碁石のまとまり」を把握してその考え方を図に表すことができる。

② 碁石の総数を表す方法を考え，その考え方を「碁石のまとまり」を意識した図と式に表して説明することができる。

【解答例】

① Aさん
・各辺となる n 個のまとまり4つから四隅の重なりを引く

Bさん
・角を除いた（$n-1$）個のまとまりが4つ

② 解答例❶
・$\underset{4つのまとまり}{\underline{4(n-2)}}+\underset{四隅}{\underline{4}}$

解答例❷
・$\underset{上と下}{\underline{2n}}+\underset{左と右}{\underline{2(2n-2)}}$

　このテスト問題では，図の囲み方と式の表し方から「思考・判断・表現」を評価する。②を答えられなくても，①のAさん，Bさんの両方を答えられることで，「おおむね満足できる」状況（B）にあると判断できる。

　さらに，②で式を答え，図を使いながら理由を示すことで，「十分満足できる」状況（A）にあると判断できる。

　なお，「思考・判断・表現」の評価は，説明の記述を求められるなどハードルが高くなりがちである。生徒の実態に応じて，出題の方法を工夫しながら柔軟に対応したい。例えばテスト問題①であれば，はじめに「Aさんの場合」を例示しておき，「Bさんの場合について，同じように説明してみよう。」とすることもできる。

5 学習評価アイデア

　テスト問題は，単元を通してバランスよく出題できるように留意したい。計算中心の範囲であっても，計算過程の間違いを見つけて理由を説明させる問題として出題することで，「思考・判断・表現」を見取ることもできる。

　例えば，『略案』（p.35，授業例4）では，右上の問題を考えることで，式の値の意味と求め方を学ぶ授業を紹介した。本時の目標の観点は「知識・技能」であるが，右下のテスト問題のようにアレンジすることで，反例をあげて根拠を説明する必要が生じ，「思考・判断・表現」を見取る問題へと変わる。目的に応じて出題の仕方を工夫しながら，テスト問題を考えたい。

> 「$8x+3$は正の数である。」
> 正しいだろうか。

> 「$-5x-7$は負の数である。」
> 正しいだろうか。答えと理由を説明しなさい。

3 「知識・技能／主体的に学習に取り組む態度」のテスト問題例

1 評価規準

・数量の関係を式に表し，式の値を求めることができる。 【知識・技能】

・数量の関係が不等式に表される問題を考え，式に表そうとしている。

【主体的に学習に取り組む態度】

2 テスト問題

ある回転寿司店の寿司は１皿すべて x 円，寿司以外のサイドメニューはすべて100円です。Ａさんは寿司を12皿とサイドメニューを３つ，Ｂさんは寿司を８皿とサイドメニューを５つ注文しました。このとき，次の問いに答えなさい。

① Ａさんの代金を式で表しなさい。また，$x=200$のときの式の値を求めなさい。

② 「２人分の代金を10000円で支払うと y 円のおつりがあった。」このとき，x，yの関係を式に表しなさい。

③ 「後からＣさんが来て寿司を５皿とサイドメニューを２つ注文したところ，３人分の代金は7000円 _____。」このとき，数量の関係を不等式で表しなさい。

_____ に当てはまる言葉を考え，不等式を答えなさい。

3 問題作成のねらい [『略案』第１学年 p.38，授業例７　p.40，授業例９]

『略案』（p.38，授業例７）では，上のテスト問題と同様に，寿司の代金を例に１次式の加法を学ぶ授業を，また，『略案』（p.40，授業例９）では，右の問題を通して，関係を等式や不等式に表す授業を紹介している。授業の「問題」とテスト問題をリンクし，取り組みやすい問題となるようにした。

> x 枚のクッキーを y 人に７枚ずつ配ろうとするとき，次のアとイの場合について，数量の関係を式に表すことはできるだろうか。
> ア　過不足なく配ることができた
> イ　配ろうとしたが足りなかった

３つの設問を通して「知識・技能」を，同時に③で「主体的に学習に取り組む態度」を見取る。言葉と式の記述から，各自が条件を設定し，関係を不等式に表そうとしているかどうかを評価する。

4 評価の視点および解答例

このテスト問題における「知識・技能」の評価については，数量を文字式に表して式の値を求められるかどうか，また，数量の関係を等式や不等式に表せるかどうかを見取る。「主体的に学習に取り組む態度」の評価については，問題をもとに条件を自ら設定しようとしているかどうか，また，その関係を不等式として表そうとしているかどうかを見取るようにする。

例えば「知識・技能」の評価は右のように①と②を答えることで，「おおむね満足できる」状況（B）と判断できる。また，

> ①　Aさんの代金　$12x+300$（円），式の値　2700円
> ②　$10000-(12x+300)-(8x+500)=y$
> 　　$20x+800=10000-y$　　など

③において $\boxed{}$ に当てはまる言葉と不等式を下の解答例のように答えることで「十分満足できる」状況（A）と判断できる。

「主体的に学習に取り組む態度」の評価は，③において言葉と式の両方を記述することで（B）と判断できる。

> ③　解答例❶　$\boxed{\text{で支払うことができた}}$。
> 　　　　　　　$(12x+300)+(8x+500)+(5x+200)\leqq7000$
> 　　　解答例❷　$\boxed{\text{では足りなかった}}$。
> 　　　　　　　$25x+1000>7000$

言葉と式が一致しない場合や不等号の間違い（$\leqq$を$<$と表す，逆向きに表す）など条件を満たさない式をかいた場合，「知識・技能」の評価は（B）となるが，「主体的に学習に取り組む態度」については（B）と評価できる。また，③の解答例❶，❷のように，言葉と式が一致するものについては（A）と判断する。

5　学習評価アイデア

本単元で「主体的に学習に取り組む態度」を評価するためには，与えられた問題に対して，学んできた知識や技能の活用を図ろうとしたり，解決に向けて粘り強く取り組もうとしたりする意欲や姿勢を見取ることが重要である。

『略案』（p.34，授業例3）では，量り売りのスイートポテトの代金を例に数量を式に表す方法を予想して確かめる授業を，次時（p.29，問題6）には文字を使った式がどのような数量を表しているかを読み取る授業を行っている。

これらの学びを踏まえて，例えば「2　テスト問題」の②を次の設問と入れ替えて，「主体的に学習に取り組む態度」を評価することもできる。

なお，テストで間違えた問題について，解法や誤答の原因，振り返りや今後に生かすべき点をノートに書かせて

> ②　次の式が答となる問題文をつくりなさい。
> 　　$10000-\{(12x+300)+(8x+500)\}=y$

提出させ，記述内容から「主体的に学習に取り組む態度」の評価材料として記録することもできる。この取組は，生徒にとって学び直しの機会としても有効である。

1 「知識・技能」のテスト問題例

1 評価規準

・方程式とその解の意味を理解している。

2 テスト問題

次の①，②の問いに答えなさい。

① 方程式 $3x＝－x－8$ について述べた次の文の空欄に適する数をそれぞれ答えなさい。

x に２を代入すると，（左辺）＝ ア ，（右辺）＝ イ となる。一方，x に ウ を代入すると，両辺の値はともに エ となる。このことから，この方程式の解は オ であることがわかる。

② 次のカ～ケから方程式ではないものを１つ選び，記号で答えなさい。また，それが方程式ではない理由を説明しなさい。

カ $6x＝36$ キ $4(x＋2)＝4x＋8$ ク $3＝5x－2$ ケ $2x－3＝1$

3 問題作成のねらい ［『略案』第１学年 pp.45-46，授業例１］

このテスト問題では，方程式とその解の意味を理解しているかどうかを評価する。本単元の学習が進むにつれて，等式の性質や移項を使って方程式を解くことが中心となるが，方程式とその解の意味を理解した上で技能の習熟を図ることは重要である。

『略案』では，右のような天びんを題材にした問題を提示し，天びんがつり合うことと等式が成り立つことを関連付けて方程式とその解の意味を理解する授業を行っている。

①は，方程式の解は等式を成り立たせる文字の値であり，等しくなった両辺の値ではないことを理解しているか確認する問題である。②は，選択肢に恒等式をふくめることで，方程式が x の値によって成り立ったり成り立たなかったりする等式であることを理解しているかどうかを見取る問題である。

天びんの左に６個入りのキャラメルを箱ごとのせ，右に74gのおもりをのせるとちょうどつりあった。箱の重さが50gのとき，キャラメル１個の重さは何gだろうか。

4 評価の視点および解答例

【「おおむね満足できる」状況（B）】

・等式が成り立ったり成り立たなかったりすることをもとに，方程式とその解の意味を理解している。

【解答例】

① ア 6　　イ －10　　ウ －2　　エ －6　　オ －2

② キ

　　（理由）xに1や5など，どんな数を代入しても成り立つから

テスト問題①では，方程式に代入する値と両辺の値をもとに方程式の解を正しく答えることができているか，②では，等式が成り立ったり成り立たなかったりすることと関連付けて方程式ではないことの理由を述べることができているかどうかで「知識・技能」を評価する。①，②の両方を【解答例】のように答えることで，「おおむね満足できる」状況（B）と判断することができる。さらに，②の理由に次のような記述が示されていれば，「十分満足できる」状況（A）と判断することができる。

・左辺を計算すると右辺になるので，そもそも両辺は同じ式であることを指摘している。

・方程式の解は1つしかないが，両辺を成り立たせる値が複数あるので解も複数になってしまうことにふれている。　など

なお，生徒の実態に応じて，問題の形式や設問数を変えて評価することも考えられる。例えば①では，解について説明した文の中から正しい選択肢を選ぶ問題にすることも可能である。その際，「$x = -2$のとき，両辺の値が-6になるのでこの方程式の解は-6である」というような誤答をふくめることで，方程式の解の意味を理解しているか見取ることが可能である。②では，選択肢を生徒の実態に応じて変更することが可能である。例えば，キの代わりに，$3 + 6 = 9$や，$2x + 5$のような式を選択肢とすることも考えられる。

5 学習評価アイデア

本単元における「知識・技能」は，主に「方程式とその解の意味の理解」と「1次方程式を解く技能」の2点から評価する。1次方程式を解く指導は，『略案』（p.47，授業例2）のように生徒の誤答をもとに方程式の解き方を考察する授業を行うことも多い。このことを踏まえて，テスト問題においても誤答を生かした右のような問題を通して，移項を利用した解き方の手順が身に付いているかを見取ることもできる。

> 次の方程式の解き方には間違いがあります。どこが間違っているか説明しなさい。また，正しい解を求めなさい。
>
> $$2x + 16 = 4x + 2$$
> $$2x - 4x = 2 + 16$$
> $$-2x = 18$$
> $$x = -9$$

2 「思考・判断・表現」のテスト問題例

1 評価規準

・具体的な場面から等しい関係にある数量を見いだし，方程式を活用して問題を解決することができる。

2 テスト問題

> 次の問題について，①〜③の問いに答えなさい。
>
> > 花子さんは，同じ金額のケーキを6個買おうとしましたが，所持金では150円足りませんでした。そこで，5個買うことにすると200円余りました。花子さんの所持金を求めなさい。
>
> ① ケーキ1個の代金を x 円として方程式をつくると，$6x-150=$ $\boxed{}$ となります。空欄に適する式を答えなさい。また，どのような数量が等しい関係にあると考えてつくった方程式かを答えなさい。
>
> ② ①の方程式の解は $x=350$ となります。花子さんの所持金はいくらでしょうか。求め方も説明しなさい。
>
> ③ この問題は，①とは異なる数量が等しいことに着目して方程式をつくって解決することもできます。「何を x とするか」，「等しい関係にある数量は何か」を説明しながら，①とは異なる方程式をつくり問題を解決しなさい。

3 問題作成のねらい ［『略案』第1学年 p.49，授業例4］

このテスト問題では，過不足の問題において等しい関係にある数量を見いだし，方程式を活用して解決できるかどうかを評価する。

『略案』では，右の問題を提示した後，問題場面を図に表しながら，等しい関係にある数量を見いだし，方程式を活用していく授業例を紹介している。本テスト問題では，方程式をつくることや得られた解を問題に即して解釈することを見取るために，問題の中で解を与えたり，方程式を解く場合でも計算が難しくなりすぎたりしないよう数値を工夫している。

> 登山に出かけるので，参加者にあめを配ることにした。1人に4個ずつ配ると20個余ったため，5個ずつ配ろうとしたら4個足りなくなってしまった。参加者は何人だろうか。

4 評価の視点および解答例

【「おおむね満足できる」状況（B）】

・過不足のある問題場面から，等しい関係にある数量を見いだし，方程式をつくることができる。また，方程式の解を問題に即して検討し，問題の答えを求めることができる。

【解答例】

① $6x-150=\boxed{5x+200}$　　（答）花子さんの所持金

② $6\times350-150=1950$　　（答）1950円

③ 花子さんの所持金を x 円とし，ケーキ１個の代金を２通りの式で表して方程式をつくる

　　$\dfrac{x+150}{6}=\dfrac{x-200}{5}$　　より，$x=1950$　　（答）1950円　※計算は省略

　テスト問題①では，方程式の左辺のみを示し，それをもとにどんな数量に着目したのかを読み取ることができるかどうかを評価する。②では，解を示した上で，その解を問題に即して解釈し，問題の答えを求めることができるかどうかを評価する。ここまでの①，②の両方を【解答例】のように答えることで，「おおむね満足できる」状況（B）であると判断できる。③では，解決過程を記述させることで，問題場面を再検討し，異なる数量の関係に着目して方程式をつくり問題を解決することができるかどうかを評価する。①，②に加え，③も【解答例】のように答えることで，「十分満足できる」状況（A）と判断することができる。

　なお，生徒の実態等に応じて，問題①と②を合わせて「ケーキ１個の代金を x 個として問題を解決しなさい。また，途中の計算や説明なども記述しなさい。」と問うことで，「思考・判断・表現」を評価することも可能である。

5 学習評価アイデア

　本単元における「思考・判断・表現」の評価は，方程式の活用場面に限らず，方程式を解く過程でも行うようにしたい。

　『略案』（p.43，問題７）では，分数をふくむ方程式を，分数をふくまない同値な方程式に変形して解く方法を考察する授業を行っている。それを踏まえて，右のようなテスト問題を提示し，分母をはらうことのよさを理解し方程式を解くことができるかどうかを見取ることもできる。

> 方程式 $\dfrac{1}{5}x=\dfrac{1}{3}x-2$ の解き方について考えます。あなたは，次のア，イのどちらの方法で解きますか。そう考えた理由も説明しなさい。
> 　ア　$\dfrac{1}{3}x$ を左辺に移項してから
> 　イ　両辺に15をかけて分母をはらってから

3 「知識・技能／主体的に学習に取り組む態度」のテスト問題例

1 評価規準

・同値な等式に変形することで方程式を解くことができることを理解している。

【知識・技能】

・方程式の解き方を工夫し，能率的に解こうとしている。　　【主体的に学習に取り組む態度】

2 テスト問題

方程式$0.3(x-2)=0.6-0.1x$ について，次の①，②の問いに答えなさい。

① 方程式$0.3(x-2)=0.6-0.1x$ と解が等しくなる方程式をア〜エからすべて選び，記号で答えなさい。

ア　$0.3x-0.6=0.6-0.1x$ 　　　　　イ　$3(10x-20)=6-x$

ウ　$3(x-2)=6-x$ 　　　　　　　　エ　$4x=12$

② 方程式$0.3(x-2)=0.6-0.1x$ を工夫して解きなさい。その際，工夫したことや解く上で気を付けることがわかるように説明を書きなさい。

3 問題作成のねらい [『略案』第1学年 p.43，問題6，問題7　p.48，授業例3]

　このテスト問題では，本単元で学んだ方程式の解き方を振り返ることで，方程式の解き方が1次式の計算などとは異なり，同値な等式に変形しているということの意味を理解し，能率的に解く過程を説明できるかどうかを評価する。

　『略案』では，右のような問題を提示し，移項や等式の性質を使って，方程式を同値で簡単な方程式に変形することで解く方法を身に付ける授業例を紹介している。

　本テスト問題①は，同値な等式への変形を理解し方程式を

> 次の方程式を解くためには，どの項を移項すればよいだろうか。
>
> $6x-3=8x+7$

解いているかを評価するために，解が等しくなるものを選択する問題としている。②では，①を踏まえて，方程式を解きながら「どのような目的で」「どのような変形をしたか」を説明させることで，能率的に解こうとしている姿を見取るようにする。

4 評価の視点および解答例

　このテスト問題における「知識・技能」の評価については，問題の方程式と同値な方程式を

正しく選ぶことができているかどうかを見取る。その上で，方程式を解く過程を正しく記述できるかどうかを評価するようにする。また，「主体的に学習に取り組む態度」の評価については，方程式を解く過程を振り返り，よりよい解き方を目指している姿を見取るようにする。

例えば，①でア，ウ，エを選び，かつ②で解答例❶のように答えることで，「知識・技能」の評価は「十分満足できる」状況（Ａ）と判断することができる。

一方，「主体的に学習に取り組む態度」の評価は，解答例❶は計算過程を正しく記述できているものの，計算の手続きを示していることに留まっているため「おおむね満足できる」状況（Ｂ）と判断することができる。さらに，②の解答例❷のような記述が示されていれば，「十分満足できる」状況（Ａ）と判断することができる。解答例❷では，かっこをはずす前に両辺を10倍することのよさや，両辺を10倍するときの

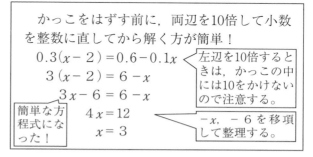

$$0.3(x-2)=0.6-0.1x$$
$$3(x-2)=6-x$$
$$3x-6=6-x$$
$$4x=12$$
$$x=3$$

両辺を10倍する
かっこをはずす

②の解答例❶

かっこをはずす前に，両辺を10倍して小数を整数に直してから解く方が簡単！
$$0.3(x-2)=0.6-0.1x$$
$$3(x-2)=6-x$$
$$3x-6=6-x$$
$$4x=12$$
$$x=3$$

左辺を10倍するときは，かっこの中には10をかけないので注意する。

簡単な方程式になった！

$-x$，-6 を移項して整理する。

②の解答例❷

注意点にもふれている。また，「簡単な方程式になった！」とあることから，同値変形によって方程式を簡単にして解こうとしている姿を見取ることができる。

5 学習評価アイデア

本単元で「主体的に学習に取り組む態度」を評価するためには，他にも，方程式の活用問題で解の吟味を行う姿を見取るようにしたい。

例えば，『略案』（pp.50-51，授業例５）では，問題の一部を変更し，解決過程を振り返って新たな課題を解決する授業を紹介している。それを踏まえて，右のようなテスト問題を提示し，②で①の方程式を変えて得られた解について，それが問題の答えとして適しているかどうかを調べる姿から「主体的に学習に取り組む態度」を評価することもできる。

学校から１km離れた駅に行くのに，花子さんは分速50mで歩き始めました。その４分後に太郎さんが分速70mで追いかけました。駅に着く前に太郎さんは花子さんに追いつくことができるでしょうか。
① 方程式をつくり問題を解決しなさい。
② 太郎さんの速さを分速70mから分速60mに変えるとどうなりますか。①を振り返って説明しなさい。

1 「知識・技能」のテスト問題例

1 評価規準

・変域や比例定数が負の数の場合の比例や反比例の特徴を理解している。

2 テスト問題

---

① 次の(1)，(2)に示すそれぞれの事柄に当てはまるものを，右のア～エからすべて選びなさい。

(1) x の値が1増えると y の値は一定に変化する

(2) 比例定数が2である

② Aさんは，「反比例には，x の値が増加すると，y の値は減少する関係がある」と言っていますが，この考えは誤りです。
その理由を説明しなさい。

ア $y=2x$

イ $y=-2x$

ウ $y=\dfrac{2}{x}$

エ $y=-\dfrac{2}{x}$

---

3 問題作成のねらい [『略案』第1学年 p.63，授業例7]

このテスト問題では，比例や反比例の変域や比例定数を負の数に拡げた場合の特徴を理解しているかどうかを評価する。

『略案』では，右のような問題を提示し，比例の特徴と関連付けたり，小学校で学習した反比例の特徴を想起したりしながら授業を行っている。特に，アの予想が分かれることから，

次のア～エの中で，反比例の特徴として正しいのはどれだろうか。

ア x が増加すると y は減少する

イ x が1増えると y は一定に変化する

ウ x が m 倍になると y は $\dfrac{1}{m}$ 倍になる

エ x と y の積が一定である

「反比例も負の数に拡げて考えた方がよい」という考察の方向性を生徒から引き出し，比例の学習と同じように変化や対応について考察している。

テスト問題①の(1)は授業例7のイと同じであるが，比例もふくめて意味や特徴を理解できているかどうかを評価する。(2)は，比例定数の「比例」という言葉に惑わされず，反比例の式を選択できるかを確認する設問である。②は授業例7のアと同じであるが，「反比例は x の値が

増加すると y の値は減少する」と考える生徒が比較的多いことから，中学校の学びとして新たに反比例を捉え直すことができているかどうかを，理由の説明を通して評価する。

4 評価の視点および解答例

【「おおむね満足できる」状況（B）】

・変域や比例定数を負の数に拡げた場合をふくめた比例や反比例の特徴を理解している。

【解答例】

① （1）ア，イ　　（2）ア，ウ

② 比例定数が負の数だと y は増加するから　など

このテスト問題では，選んだ解答やその理由の記述から「知識・技能」を評価する。なお，①と②の両方を【解答例】のように答えることで「おおむね満足できる状況」（B）にあると判断できる。さらに，②では解答に次のような記述が具体的に示されていれば，「十分満足できる」状況（A）と判断することができる。

・「比例定数が負の数の場合では」や「x の値が増加すると y の値が増加する」のように，比例定数を正の数と負の数の場合に分け，2つの変数を明確に示している。

・「$y = -\dfrac{8}{x}$ のとき，$\begin{array}{c|cc} x & 1 & 2 \\ \hline y & -8 & -4 \end{array}$ 　[x が増加すると][y も増加する]」など，例をあげて説明している。　など

なお，本テスト問題では設問の内容を「減少」から「増加」に変えたり，「グラフが原点を通る」といったグラフと関連付けた設問を加えたりする問題も可能である。

5 学習評価アイデア

本単元の知識及び技能の指導では，表，式，グラフを関連付けて考察させることで比例と反比例の関係の理解が深まっていく。テスト問題については，表から式を求めたり式からグラフに表したりするような技能を問う設問だけではなく，グラフが表している式を選んでその理由を説明させる設問を取り入れるなどの問題を作成したい。

例えば，『略案』（p.61，授業例5）では，比例のグラフの特徴を学習している。ここでは，比例の特徴を表，式，グラフを関連付けて理解しているかについて，右のような問題を通して見取る方法も考えられる。

> 比例の式 $y = 2x$ を例に，表，式，グラフの関係をまとめます。式 $y = 2x$ の比例定数である2は，表やグラフではどのような意味があるでしょうか。2が表す意味を表とグラフに書き入れ，その意味を説明しなさい。
>
> [表] $\begin{array}{c|ccccc} x & \cdots & -2 & -1 & 0 & 1 & 2 & \cdots \\ \hline y & \cdots & -4 & -2 & 0 & 2 & 4 & \cdots \end{array}$ [グラフ]

2 「思考・判断・表現」のテスト問題例

1 評価規準

・グラフから読み取ったことを事象に即して解釈するとともに，比例の考えを用いて具体的な事象を捉えて考察し，説明することができる。

2 テスト問題

右の図は，AさんとBさんが同時に家を出発してからx分間に走った道のりをymとして，xとyの関係をグラフに表したものです。このとき，次の問いに答えなさい。

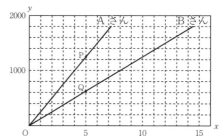

① 2点P，Qのy座標の差は，何を表しているか具体的に答えなさい。

② 家から1200mの地点でCさんが2人を応援しています。このとき，Aさんが通過してからおよそ何分後にBさんが通過するかを答えなさい。また，そのように考えた理由を説明しなさい。

③ ②の場面において，式を用いて考えることで正確に求めることができます。その方法を説明しなさい。ただし，実際の式を求める必要はありません。

3 問題作成のねらい ［『略案』第1学年 p.66，授業例9］

このテスト問題では，比例の関係にある具体的な事象を式やグラフを用いて解決できるかどうかを評価する。

『略案』では，兄と弟が1400m走をしたときの途中までの記録を示した図から，兄と弟がゴールしたときのタイム差を表，式，グラフを用いて考察している。授業の後半では学習の過程を振り返ることで，表，式，グラフのそれぞれのよさを考えさせ，目的に応じて数学的に表現したり考察したりする方法を選択できるよう指導している。

本テスト問題では，グラフと式を活用して問題を解決したり，解決したことを事象に即して解釈したりしているかを評価する。なお，①の点P，Qについては，どちらもx座標が5の点であること，②については，式を求めて計算するのではなく，グラフからおよそ何分かを読み取らせる問題であることに留意したい。③については，方法を問う問題であるため具体的な式

を求める必要はないが，Ａさんの式が $y=250x$，Ｂさんの式が $y=125x$ であることを利用して問題を解決する生徒がいるであろう。第１学年という発達段階を考慮し十分にその考えのよさを評価しつつ，方法を問われた際の答え方について改めて丁寧に指導していきたい。

4 評価の視点および解答例

【「おおむね満足できる」状況（Ｂ）】
・グラフから読み取ったことを事象に即して解釈することができる。
・比例の考えを用いて具体的な事象を考察することができる。

【解答例】
① 家を出発してから５分後の２人の道のりの差
② およそ５分後
　（理由）ＡさんとＢさんのグラフから，y の値が1200のときＰの x 座標はおよそ５，Ｑのx 座標はおよそ10なので，差を求めるとおよそ５になるから　など
③ ＡさんとＢさんの式に $y=1200$ を代入して x の値の差を求める　など

このテスト問題では，与えられたグラフから問題場面を捉え，表，式，グラフを用いて問題を解決する過程を「思考・判断・表現」として評価する。なお，①，②の両方を【解答例】のように答えることで「おおむね満足できる」状況（Ｂ），さらに，③を【解答例】のように答えることができれば「十分満足できる」状況（Ａ）と判断することができる。③については，次の３つの記述が具体的に示されるよう，評価後の振り返りを充実させたい。
・ＡさんとＢさんそれぞれのグラフに着目すること
・時間と道のりの関係に着目すること
・式に $y=1200$ を代入して差を求めること

5 学習評価アイデア

本単元における「思考・判断・表現」の評価は，図形の長さや面積の関係などの数学の内容においても見取ることが可能である。

『略案』（p.56，問題15）では，x 秒後の三角形の面積 y cm² の関係を式に表し，面積の変わり方について学習している。他の図形に発展させ，右のようなテスト問題を提示し，半径と周の長さの関係は，具体的な数で計算して調べなくても，式から比例の関係を見いだし説明できることを見取ることも考えられる。

半径が x cm で周の長さが y cm の円について，$y=2x×3.14$，つまり，$y=6.28x$ という関係になります。半径を２倍，３倍，…にすると周の長さはどのように変化しますか。
　「〇〇だから△△になる」という形で説明しなさい。

3 「思考・判断・表現／主体的に学習に取り組む態度」のテスト問題例

1 評価規準

・事象を比例であるとみなすことで，問題を解決することができる。　　　【思考・判断・表現】
・比例の考えを日常の問題解決に生かそうとしている。　　　【主体的に学習に取り組む態度】

2 テスト問題　　　　　　　　※ (株) ニチレイフーズ「焼きおにぎり」を参考に数値を意図的に設定

> 　Aさんは，焼きおにぎり（冷凍食品）の袋に，個数と調理時間の関係を表した下の表を見つけました。Aさんはこの表を見て，
> 「焼きおにぎり３個を温める時間は何秒なのだろう」と疑問に思いました。
>
> | 個数 | 1個 | 2個 | 4個 | 6個 |
> | --- | --- | --- | --- | --- |
> | 調理時間 | 70秒 | 140秒 | 270秒 | 400秒 |
>
> 　このとき，焼きおにぎり３個の調理時間を求める方法を明確にしながら，何秒にすべきかを説明しなさい。

3 問題作成のねらい [『略案』第１学年 pp.67-68，授業例10]

　このテスト問題では，現実的な事象を比例の考えを用いて考察させ，事象に即して問題を解決できているかどうかを評価する。

　『略案』では右のような問題を提示している。例えば3.0の視力を測るためには，視力に伴って変わる変数を生徒自らが見いだし，実測や関係の考察を

> 　2.0より高い視力を測るためにはどうすればよいだろうか。

を通して事象を反比例とみなすことで問題を解決する授業例を紹介している。ここでは，反比例とみなせる原因を測定誤差として捉え，みなせる理由を考え明らかにする活動を重視している。

　本テスト問題は，表の関係からほぼ比例の関係であることを見いだせる事象である。この事象は，生徒の経験則からも比例と捉えやすいであろう。ただ，個数が１，２個のときの調理時間との関係から比例とみなして比例定数を70として考えると，個数が４個と６個のときの調理時間は表に記載された時間よりやや短いことがわかる。本テスト問題は，授業と同じように誤差が生まれる理由に着目できているか，また，比例とみなして考えた結果を実際の日常生活に戻して考えようとしているかについての具体的な記述が期待される。

4 評価の視点および解答例

このテスト問題における「思考・判断・表現」の評価については，個数と時間の関係を比例の特徴を根拠に比例とみなして時間を予測できるかどうかを見取るようにする。「主体的に学習に取り組む態度」の評価については，比例とみなして考察する過程を振り返り，誤差に着目したか，またその誤差をどのように認めて問題の解決に生かそうとしているかを捉えて評価する。

例えば，生徒の解答例❶は，「思考・判断・表現」の評価は，「十分満足できる」状況（A）と判断できるが，誤差について考察する記述がなく，数学的な解決のみに留まっているため，「主体的に学習に取り組む態度」の評価は，「おおむね満足できる」状況（B）と判断できる。さらに，次のような記述が示されていれば，「十分満足できる」状況（A）と判断することができる。

- 誤差に着目し，ぴったり比例とならない原因について考えを示している。
- 数学的に考えたことを，実際の場面に置き換えて解決する方法を示している。　など

例えば，生徒の解答例❷は数学的に考えた結果を，実際に温める場面を想起しながら「まずは少ない時間から温める」という意思が読み取れるため，（A）と判断することができる。

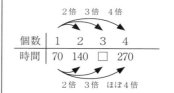

個数と時間がほぼ比例していると考えられるので，個数を3倍したときの時間も3倍にして時間を予測できる。

よって，3個のときの調理時間は，210秒と考えることができる。

生徒の解答例❶

個数が t 倍になると，時間がほぼ t 倍になっているので，時間は個数に比例するとみなすことができると考えられる。ただ，比例定数を70として考えると，表に示されている時間との差が広がっていく。

だから，実際に3個を温めるときは，4個のときと同じように，まずは10秒程度少ない時間で温めればよいと考える。

生徒の解答例❷

5 学習評価アイデア

本単元の「主体的に学習に取り組む態度」の評価は，事象から見いだした2つの数量について関係を表，式，グラフを用いて粘り強く調べたり，その活動を事象に即して振り返ったりする過程で行われる。『略案』（p.66，授業例9）では，右下のような問いかけから授業を振り返り，目的に応じて表，式，グラフを使えるかどうかを見取っている。さらに，「2　テスト問題」を工夫し，式やグラフのよさを問う設問を入れることで，「主体的に学習に取り組む態度」の評価とすることもできる。

> 授業を振り返り，表，式，グラフのそれぞれのよさについてまとめよう。

1 「知識・技能」のテスト問題例

1 評価規準

・垂線の作図方法について理解している。

2 テスト問題

> 　右の図の△ＡＢＣにおいて，次の①〜④の方法で点Ａを通る線分ＢＣ
> の垂線を作図します。
> 　　作図方法　　① 　頂点Ｃを中心として半径をＣＡとする円をかく。
> 　　　　　　　　② 　頂点Ｂを中心として半径をＢＡとする円をかく。
> 　　　　　　　　③ 　①，②の交点のうち点Ａではない方を点Ｄとする。
> 　　　　　　　　④ 　頂点Ａから点Ｄを通る直線をひく。
> 　この方法によって作図した直線ＡＤが点Ａを通る線分ＢＣの垂線にな
> る理由を説明しなさい。

3 問題作成のねらい [『略案』第１学年 pp.77-78，授業例５]

　このテスト問題では，垂線の作図方法を理解しているかどうかを評価する。

　『略案』では，右のような問題を提示することで，３つ
の作図方法を振り返り，図形の対称性に着目すれば垂線の
作図ができることを学習している。特に，作図で得られた
点や線分の特徴を読み取り，図形の性質と関連付けて説明
する活動を重視している。

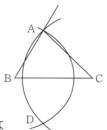

> 点Ｐを１つの頂点として，
> 対角線が直線 ℓ 上にあるひし
> 形やたこ形を作図しよう。
> 　　　　・Ｐ
>
> ℓ

　本テスト問題では，作図方法を読み取る場面を設定し，
作図した図形の特徴を捉え，直線ＡＤが線分ＢＣの垂線になる理由を説明させる。作図におけ
るコンパスは，長さを写しとる道具であることを理解し，①の作図からＡＣ＝ＤＣ，②の作図
からＡＢ＝ＤＢが成り立つことを捉え，垂線の作図方法が線対称な図形を根拠にしていること
を理解しているかを見取ることを目的としてこの問題を作成した。

4 評価の視点および解答例

【「おおむね満足できる」状況（B）】
・垂線の作図方法を理解している。

【解答例】
・ＡＣ＝ＤＣ，ＡＢ＝ＤＢから四角形ＡＢＤＣは線対称な図形。その対角線は垂直に交わるので直線ＡＤは線分ＢＣの垂線になる。
・四角形ＡＢＤＣはたこ形なので，直線ＡＤは線分ＢＣの垂線になる。　　など

　このテスト問題では，与えられた作図方法から，点や線分の特徴を図形の性質と関連付けて考え，垂線が作図できる理由を記述できているかどうかで「知識・技能」を評価する。四角形ＡＢＤＣが「線対称な図形」や「たこ形」など，図形の対称性に着目している表現が記述されていれば「おおむね満足できる」状況（B）と判断できる。

　さらに，【解答例】のように，「ＡＣ＝ＤＣ，ＡＢ＝ＤＢ」など四角形ＡＢＤＣが線対称な図形である根拠が具体的に示されていれば，「十分満足できる」状況（A）と判断することができる。

　なお，本テスト問題では，作図方法を読み取り，垂線が作図できる理由を表現することで評価している。実際に垂線を作図させ，垂線といえる理由を説明させることでも，垂線の作図方法の理解を評価することができる。

5 学習評価アイデア

　本単元における「知識・技能」の評価は，基本的な作図の手順を問うだけではなく，作図方法の意味を深く考えさせるようなテスト問題を作成したい。『略案』（pp.77-78，授業例５）では，図形の対称性に着目して３つの作図方法を見いだし，図形の性質や関係に基づいて自らの言葉で説明させている。そのうちの１つを右のようなテスト問題として扱うことで，作図方法の意味を適切に見取るようにしたい。

　右の△ＡＢＣにおいて，次の①〜③の方法で作図します。
① 頂点Ａを中心として，底辺ＢＣと２点で交わる円をかき，交点をＤ，Ｅとする。
② 点Ｄ，Ｅをそれぞれ中心として互いに交わるように等しい半径の円をかき，その交点の１つを点Ｆとする。
③ 頂点Ａと点Ｆを通る直線をひく。
　次のア〜エで直線ＡＦについて正しいものをすべて選びなさい。
　ア　∠Ａの二等分線である
　イ　底辺ＢＣの垂直二等分線である
　ウ　底辺ＢＣの垂線である
　エ　線分ＤＥの中点を通る

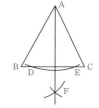

2 「思考・判断・表現」のテスト問題例

1 評価規準

・図形の移動の方法に着目して，２つの図形の関係を捉え，図形がどのように移動したかを数学的な表現を用いて説明することができる。

2 テスト問題

雪の結晶は六角形になることが知られています。そこで，雪の結晶のイラストを次の方法で描くと右の図のようになりました。

(1) 正三角形ＡＢＯに模様をかきます。

(2) △ＡＢＯを△ＢＣＯへ移動します。

(3) 同じ移動で△ＢＣＯを△ＣＤＯへ移動します。

(4) (3)を繰り返して，順に△ＤＥＯ，△ＥＦＯ，△ＦＡＯへ移動します。

① 雪の結晶のイラストを作るために，どのような移動を用いたと考えられますか。次のア〜ウの中から考えられる移動方法を答えなさい。

　　ア　平行移動　　イ　対称移動　　ウ　回転移動

② △ＡＢＯを△ＥＦＯに１回の移動でぴったり重ねるためには，どのように移動すればよいか説明しなさい。

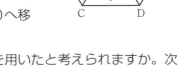

3 問題作成のねらい ［『略案』第１学年 p.82，授業例９］

　このテスト問題では，事象の特徴を捉え，図形がどのように移動したかを数学的な表現を用いて説明できるかどうかを評価する。

　『略案』では，麻の葉模様を用いた右の図のような問題を提示し，見いだした図形の特徴を捉え，図形がどのように移動したかを相手に説明する学習活動を行っている。特に，自分と他者との表現を比較し説明し合うことで，的確に表現する力を高めている。相手に正確に伝えるには図形の移動方法だけではなく，例えば対称の軸の位置や回転の中心の位置，回転する角度などを正しく伝える必要があることを学習している。

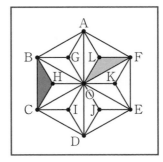

本テスト問題は，雪の結晶を題材とした。①では，雪の結晶の図形が△ＡＢＯをもとにして，対称移動や回転移動を繰り返して作ることができることを捉えているかを確認する。②では，3つの移動方法の中から1回で移動する方法を考え，数学的な表現を用いて的確に説明することができるかを確認する。

4 評価の視点および解答例

【「おおむね満足できる」状況（B）】

・具体的な場面で，図形の移動の方法に着目し，図形の性質や特徴を捉え，数学的な表現を用いて説明している。

【解答例】

① 　イ，ウ

② 　・点Ｏを回転の中心として120°回転移動する。

　　　・線分ＡＦの中点を通る線を対象の軸として対称移動する。　　など

　このテスト問題では，△ＡＢＯが他の三角形へ重なるための回転移動や対称移動の方法に着目し，移動過程を説明する記述から「思考・判断・表現」を評価する。なお，①に正答し，②を【解答例】のように答えることで，「おおむね満足できる」状況（B）と判断できる。さらに，②の解答に次のような記述が具体的に示されていれば，「十分満足できる」状況（A）と判断することができる。

・回転移動は，「点Ｏを中心」などの回転の中心位置，「120°」などの回転の大きさ，「反時計回り」などの回転の方向の3つが具体的に記述されていること

・対称移動は，対象の軸について「線分ＢＥの垂直二等分線」や「線分ＡＦの中点と点Ｏを通る直線」など数学的な表現を用いて的確に記述していること　　など

　なお，不十分な解答例を先に示し，「より正確な説明に直そう」という問題に変えて評価することもできる。

5 学習評価アイデア

　本単元における「思考・判断・表現」の評価は，1つの図形をもとにそれを移動することで，どのような図形になるかを表現することで見取ることもできる。

　例えば，テスト問題②の続きとして，「右の図の雪の結晶イラストを描くために，△ＡＢＯの部分にどのような模様を描けばよいか」を出題することも考えられる。

3 「思考・判断・表現／主体的に学習に取り組む態度」のテスト問題例

1 評価規準

・垂直二等分線の作図を具体的な場面で活用することができる。　【思考・判断・表現】
・今までの学習の解決方法を振り返り，どのような場面で垂直二等分線を用いればよいかを説明しようとしている。　【主体的に学習に取り組む態度】

2 テスト問題

右の△ＡＢＣの各頂点を通る円を作図したい。
この問題を解決し，解決に用いた作図の方法が
どのような場面で用いられるのかを説明しなさい。

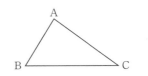

3 問題作成のねらい ［『略案』第１学年 p.79, 授業例６］

　このテスト問題では，本単元で学んだ作図場面を振り返り，垂直二等分線の作図方法がどのような場面で用いられるのかを説明できるかどうかを評価する。

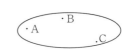

　『略案』では，右のような場面を問題として提示し，垂直二等分線を活用して問題を解決する授業例を紹介している。授業では，３点から等しい距離にある点を見つけるために，２つの垂直二等分線を用いることを学習している。作図をどのような場面で用いるかは，問題を解決した場面を振り返らせ，その方法が他の問題にも適用できないかどうかを確かめさせることが

A組，B組，C組のスタート位置から等しい距離にある場所に旗を立てたい。どこに立てればよいでしょうか。

必要である。授業では，円の一部から円の中心を見つける練習問題に取り組んでいる。円周上の３つの点から等しい点が円の中心であること，３点から等しい距離を見つけるには垂直二等分線を２回使うとよいことを確認して，作図させている。

　本単元の学習を踏まえて，３点から等しい距離にある点を見つける方法を活用して，垂直二等分線の作図をどのようなときに用いるかを具体的に記述できることが期待される。

4 評価の視点および解答例

　このテスト問題における「思考・判断・表現」の評価については，垂直二等分線の作図を具

体的な場面で活用できているかどうかを見取るようにする。「主体的に学習に取り組む態度」の評価については，問題で求められている条件を読み取り，垂直二等分線の性質を捉え，どのような場面で用いるのかを自分なりに表現しようとしているかどうかで見取るようにする。

例えば，生徒の解答例❶は問題を解決していることから「思考・判断・表現」の評価は「十分満足できる」状況（A）と判断できるが，作図の方法がどのような場面で用いられるのかについては，垂直二等分線を「2点から等しい距離にある点を見つける」ことのみの記述に留まっており，「主体的に学習に取り組む態度」の評価は「おおむね満足できる」状況（B）と判断できる。さらに，次のような記述が示されていれば，（A）と判断することができる。

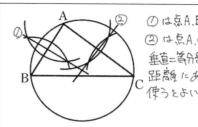

生徒の解答例❶

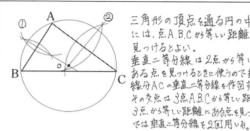

生徒の解答例❷

・問題場面を把握し，円の中心が3点から等距離にある点であることを示している。

・垂直二等分線が2点から等しい点の集まりになることを理解し，2つの垂直二等分線を用いることで3点から等しい距離を見つけることを示している。　など

例えば，生徒の解答例❷は問題場面を把握し，垂直二等分線を用いる場面を説明していることが読み取れるため，（A）と判断できる。

5　学習評価アイデア

本単元で「主体的に学習に取り組む態度」を評価するためには，生徒自身が作図を用いた場面を振り返り，自ら気付いて理解したことを表出できるようにすることが重要である。基本的な作図を具体的な場面で活用するために，作図をどのような場面で用いるかを振り返ろうとする姿勢を評価したい。

例えば，『略案』（p.80，授業例7）では，基本的な作図を用いていろいろな角度を作図する学習をしている。この学びを踏まえて，右のテスト問題を提示し，これまでの学習を振り返らせながら「主体的に学習に取り組む態度」を評価することもできる。

> 75°を作図し，他に何度の角度を作図できるか説明しなさい。

6 「空間図形」のテスト＆評価

1 「知識・技能」のテスト問題例

1 評価規準

・空間における直線と平面の位置関係について理解している。

2 テスト問題

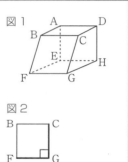

図1は，直方体をななめに切ってできた立体です。辺を直線，面を平面とみて，次の問いに答えなさい。
① 直線ＣＤと平行な面をすべて答えなさい。
② Ａさんは，図1を見て「直線ＣＧは平面ＢＦＧＣから見ると図2のようにＦＧ⊥ＣＧとなるので，直線ＣＧと平面ＥＦＧＨは垂直である。」と述べていますが，これは誤りです。この考えが誤りの理由を説明しなさい。

3 問題作成のねらい ［『略案』第1学年 p.93，授業例4］

このテスト問題では，空間における直線と平面の位置関係について理解しているかどうかを評価する。

『略案』では，右のような問題を提示している。名称的にも既存の知識から考えても，ピサの斜塔が「地上に対して斜めに立っている」と思う生徒が多いことから，

右の図はイタリアのピサの斜塔である。なぜこのように見えるのだろうか。

問題の図より「直線と平面が垂直になるとは？」という課題を引き出している。その後，ピサの斜塔を直線，地上を平面とみて図で表すなどしながら数学的に表現した問題と捉え，実験的，論理的に考察する活動を通して，直線と平面の位置関係についての理解を図っている。

既習事項である平面の決定や2直線の位置関係を踏まえて筋道立てて説明する本学習は，第2学年の論証指導につながる重要な活動でもある。そのことを意識しながら，テスト問題②では，Ａさんの誤答を生かしながら説明を補う形式をとっている。なお，①については，直線と平面の平行を理解しているかを見取る問題とした。

4 評価の視点および解答例

【「おおむね満足できる」状況（B）】
・空間における直線と平面が平行であることを理解することができる。
・空間における直線と平面が垂直であることの意味について説明することができる。

【解答例】
① 面ＡＢＦＥ，面ＥＦＧＨ
② 直線と平面が垂直であるとは，平面上の２直線と垂直でなければいけないのに，１つの直線との位置関係でしか確かめていないから　など

　このテスト問題では，直線と平行な平面を解答できるか，直線と平面が垂直になる説明から「知識・技能」を評価する。なお，①を【解答例】のように答え，②において「他の方向から見ても垂直かどうかを確かめる必要がある」のような記述が見られれば，「おおむね満足できる」状況（B）にあると判断できる。さらに，②の説明に次のような記述等が具体的に示されていれば，「十分満足できる」状況（A）と判断することができる。

・「直線ＣＧをふくむ平面ＣＧＨＤから見てもＣＧ⊥ＧＨになる必要があるから」のように，着目すべき視点やあるべき位置関係を具体的に述べている。
・図３のように，直線ＣＧをふくむ平面ＣＧＨＤを図示し，平面ＣＧＨＤから見るとＣＧ⊥ＧＨになっていないことの説明を加えている。　など

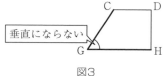

図3

5 学習評価アイデア

　本単元の知識及び技能の指導では，直線や平面の位置関係を理解すること，柱体や錐体，球の表面積や体積を求めること，空間図形を見取図，展開図，投影図として平面上に表現したり，平面上の表現からその図形の性質を見いだしたりすること等の活動が考えられる。本単元で「知識・技能」を評価するためには，体積や表面積を求めたり，展開図や投影図に表したりといった単純な技能を見取る問題だけに留まらないようにテスト問題を工夫したい。

　例えば，『略案』（pp.94-95，授業例５）では，立方体や円柱を用いた最短距離を求める活動を通して，展開図に表す必要性について学習している。ここでは，右のようなテスト問題を通して，問題の解決のためにどのような方法で考察するかを評価問題とすることで，「知識・技能」の概念的な側面を見取ることができる。

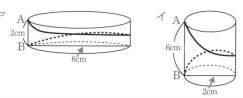

下の図のように，アとイの円柱のＡからＢまでひもをたるまないように回した。どちらのひもが短いかを考えるときの方法を説明しなさい。

2 「思考・判断・表現」のテスト問題例

1 評価規準

・円錐の表面積の求め方を説明することができる。

2 テスト問題

Eさんが，右の円錐の側面積を求めるために，右下にある展開図をかき，次のような考え方の方針を立てました。

> **Eさんの考え**
>
> 側面のおうぎ形の面積を求めるためには，その中心角 $x°$ を求めればよい。

① Eさんの考えで側面積を具体的に求めなさい。

② Fさんは，「おうぎ形の中心角を求めなくても，側面積は $\pi \times 5^2 \times \dfrac{2\pi \times 3}{2\pi \times 5}$ という式で求められる」と考えました。Fさんはどのように考えたのか，説明しなさい。

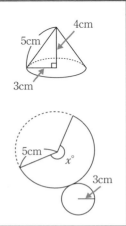

3 問題作成のねらい [『略案』第1学年 p.88，問題14]

このテスト問題では，円錐の側面積の求め方について，既習事項を用いながら説明できるかどうかを評価する。

『略案』では，右下のような問題を通して，円錐の表面積を求める方法について学習している。授業では，側面積を求めるまでの手順が多いため，見取図をおうぎ形の展開図に表したり，解決のための方針を丁寧にやりとりしたりしながら見通しを立てて考察している。例えば，【側面積を求めたい→中心角の大きさが必要だ→中心角と比例関係にある弧の長さを求められないか→弧の長さは底面の円周と同じである→求められそうだ！】のような考え方の方針等が考えられる。

これらを踏まえて，テスト問題では，問題の解決に有効な手立てや考え方などを用いて，筋道立てて説明できるかどうかを評価する。

アとイの円錐で，表面積が小さいのはどちらだろうか。

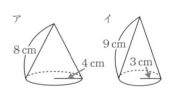

4 評価の視点および解答例

【「おおむね満足できる」状況（B）】
・おうぎ形の中心角の大きさを用いて，円錐の側面積を求めることができる。
・式から円錐の側面積の求め方を読み取り，理由を説明することができる。

【解答例】

① $x = 360 \times \dfrac{2\pi \times 3}{2\pi \times 5} = 216$ となるから，側面積は $\pi \times 5^2 \times \dfrac{216}{360} = 15\pi$ となる。

② 円の面積に，円周に対する弧の長さの割合をかけて側面積を求めた。

このテスト問題では，円錐の側面積を求める過程の記述から「思考・判断・表現」を評価する。なお，①と②の両方を正答することで，「おおむね満足できる」状況（B）と判断できる。さらに，①と②の解答に，次のような記述が具体的に示されていれば，「十分満足できる」状況（A）と判断することができる。

・①で，「おうぎ形の面積は中心角に比例するから」という根拠を示している。　など
・②で，「おうぎ形の面積は弧の長さに比例するから」という根拠を示している。

・②で，「①の式では $\pi \times 5^2 \times \dfrac{216}{360}$ の下線部を計算すると $\pi \times 5^2 \times \dfrac{3}{5}$ になるから，中心角を求めなくても円の面積に円周に対する弧の長さの割合をかければ側面積が求まる」などのように，式から読み取れることを示している。　など

5 学習評価アイデア

　本単元における「思考・判断・表現」の評価規準の例として，「空間図形を平面上に表現して平面上の表現から空間図形の性質を見いだすことができる」などが考えられる。

　『略案』（p.94，授業例5）では，展開図の必要性を理解し，長さを求める学習を行っている。そこで，右のような見た目で長さを判断してしまうことがあるテスト問題を出題したい。長さを比べるために有効な展開図や投影図を選択し，平面上に表現して問題を考察し表現できているかどうかを評価することができる。

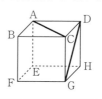

次の立方体で，ACとDGの長さの関係について答えなさい。また，そのように考えた理由を説明しなさい。

3 「知識・技能／主体的に学習に取り組む態度」のテスト問題例

1 評価規準

・円柱，円錐，球の体積を求めることができる。 【知識・技能】

・問題解決の過程を振り返り，円柱，円錐，球の関係を整理しようとしている。

【主体的に学習に取り組む態度】

2 テスト問題

右のア，イの図形について，直線 ℓ を軸として1回転させてできる立体の体積を求めたい。このとき，次の問いに答えなさい。

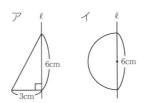

① アの体積を求める式を答えなさい。

② イの体積の求め方について，AさんとBさんの2人が次のように話しています。

A：イの体積は球の体積の公式を使って求められるね。

B：球の体積は，球がぴったり入る円柱の体積の（ウ）という関係でも求まるよ。

ウに入る数を次の(1)～(4)から選びなさい。

(1) $\dfrac{1}{2}$　　(2) $\dfrac{1}{3}$　　(3) $\dfrac{2}{3}$　　(4) $\dfrac{4}{3}$

③ 円錐と円柱の体積，球と円柱の体積に関係があることから，円柱，円錐，球の3つに関係があることがわかります。その関係を図や言葉を用いて説明しなさい。

3 問題作成のねらい [『略案』第1学年 pp.87-88, 問題10, 11, 12]

このテスト問題では，本単元で学習した体積の求め方について振り返り，円柱，円錐，球の体積の関係を整理して説明できるかどうかを評価する。

『略案』では，円柱と円錐，円柱と球の体積の関係を実験による測定を通して確かめ，円錐や球の公式を導き，それを用いて求積を学習している。本テスト問題では，求積が公式の暗記のみとならないよう，実験を通して見いだした関係を図や言葉を用いて整理し説明する問題とした。

4 評価の視点および解答例

このテスト問題における「知識・技能」の評価については，円錐の体積の求め方を式に表し，円柱と球の関係を理解できているかどうかを見取るようにする。「主体的に学習に取り組む態度」の評価については，③の問題を対象として，①と②の問題の解決過程を振り返り，図や言葉を用いて，円柱，円錐，球の体積の関係をよりよく整理しようとしたり，粘り強く説明したりしようとしているかを見取るようにする。

例えば，生徒の解答例❶は①で円錐を求める式を表すことができ，②で円柱と球の体積の関係を理解していることから，「知識・技能」の評価は「十分満足できる」状況（A）と判断できるが，円錐と球の体積について円柱との体積の比較に留まっており，さらに底面積や半径の長さ等の条件が図からは読み取れないため，「主体的に学習に取り組む態度」の評価は「おおむね満足できる」状況（B）と判断できる。さらに，次のような記述が示されていれば，（A）と判断することができる。

・円錐と球の関係についても図示したり，
  比を使って説明したりしている。　など

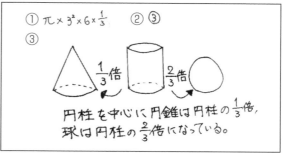

生徒の解答例❶

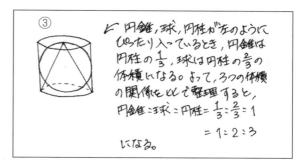

生徒の解答例❷　※①，②省略

例えば，生徒の解答例❷は体積を求める過程を振り返り，円柱，円錐，球の半径や高さの関係がわかるよう1つの図に表すとともに，3つの立体の体積の関係を比に表していることから，（A）と判断することができる。

5 学習評価アイデア

本単元では，空間図形の性質を理解するために，その図形の必要な部分を見取図や展開図，投影図として平面上に表し，多面的に考察する力を育んできている。

この学習を踏まえて，『略案』（p.96，授業例6）の後に，右のような視点で単元の学習を振り返らせ，「見取図は立体の特徴が表れやすく，展開図や投影図は長さや角の大きさ，

> 見取図，展開図，投影図は，それぞれどのような場面で使うと有効かについてまとめよう。

位置関係を考えるときに有効である」などの表現から，「主体的に学習に取り組む態度」の評価をすることもできる。

7 「データの分析」のテスト&評価

1 「知識・技能」のテスト問題例

1 評価規準

・度数の合計が異なるデータを比較するためには，相対度数を用いることを理解するとともに，相対度数を求めることができる。

2 テスト問題

右の表はF中学校とG中学校それぞれの全生徒分の反復横跳びのデータです。次の問いに答えなさい。 ① G中学校の60回以上〜70回未満の相対度数を小数第2位まで求めなさい。 ② F中学校とG中学校のように生徒数が異なるデータは，どのように比べるとよいですか。		

階級(回)	F中学校	G中学校
30〜40	30	78
40〜50	56	84
50〜60	90	143
60〜70	24	81
合計	200	

3 問題作成のねらい [『略案』第1学年 p.105，授業例2]

『略案』では，右のように生徒が所属している学級とF中学校という架空のデータを比較し，相対度数を用いることで総度数の異なるデータを比べる学習をしている。また，相対度数の分布表や相対度

階級(回)	1年A組	F中学校
30〜40	5	30
40〜50	12	56
50〜60	18	90
60〜70	5	24
合計	40	200

右の表は1年A組とF中学校の反復横跳びのデータである。60回以上跳んだ生徒の割合が多いのは，1年A組とF中学校のどちらだろうか。

数折れ線を読み取る活動を通して，「1年A組とF中学校は全体的に似た傾向にある」といった考えを学級全体で共有している。

このテスト問題では，授業で扱った反復横跳びと同じ題材を扱い，特にF中学校のデータは授業と同じ数値を扱っている。このように授業にフィードバックするという視点を大切にし，授業と関連付いているテスト問題を出題することで，「授業が大切だ！」という意識が醸成されるであろう。また，本テスト問題では，相対度数を求めることに留まらず，度数の合計が異

なる２つのデータを比較する際に用いる相対度数の必要性と意味を理解しているかどうかを評価することをねらいとしている。

4 評価の視点および解答例

【「おおむね満足できる」状況（B）】

・①で小数第３位を四捨五入して，相対度数を求めることができている。②で相対度数を用いて比べることを記述している。

【解答例】

① （78＋84＋143＋81）＝386

81÷386＝0.20984…　小数第３位を四捨五入して0.21　　（答）0.21

② 相対度数を求めることで比べることができる　など

テスト問題①では，Ｇ中学校の度数の合計を空欄にしておくことで，相対度数の求め方を理解しているか，②では相対度数という用語を使った記述などから「知識・技能」を評価する。なお，①を答えた上で，②を【解答例】のように答えることで，「おおむね満足できる」状況（B）にあると判断できる。

さらに，解答に次のように相対度数を求めて，割合の大小を比較している記述が示されていれば，「十分満足できる」状況（A）と判断することができる。

・②で，「60〜70の階級では，Ｆ中学校の相対度数は24÷200＝0.12，Ｇ中学校は0.21なので，Ｇ中学校の割合が高い。一方，50〜60の階級ではＦ中学校が0.45，Ｇ中学校が0.37であり，Ｆ中学校の割合が高い」　など

なお，本問題では授業で扱った題材以外で出題したり，①の前に設問を増やして，Ｇ中学校の生徒数を求める問題を設定したりすることも考えられる。

5 学習評価アイデア

本単元の指導内容は，ヒストグラム，相対度数，累積度数，統計的確率などである。本単元の「知識・技能」の評価では，ヒストグラムをかくことや相対度数を求めるという技能だけに留まらないようにしたい。

例えば，『略案』（p.106，授業例３）では，累積度数，累積相対度数について扱っている。右のテスト問題のように，５分から20分までの累積相対度数を求め，その結果を読み取ることを通して，知識の概念的な理解を問うこともできる。

右の表はカレーショップA店，B店の待ち時間の各階級の相対度数を表しています。20分未満で食べることのできる可能性が高いお店は，どちらであるかを，理由も含めて答えなさい。

時間（分）	A店	B店
5〜10	0.12	0.2
10〜15	0.3	0.15
15〜20	0.45	0.4
20〜25	0.13	0.25
合計	1	1

2 「思考・判断・表現」のテスト問題例

1 評価規準

・多数回の観察や多数回の試行の結果をもとにして，不確定な事象の起こりやすさの傾向を読み取り表現することができる。

2 テスト問題

右のような画びょうがあります。この画びょうを投げるとき，上向きになる確率を求める実験をしました。次の表とグラフは，この画びょうを投げたときの上向きの回数を記録し，投げた回数に対する上向きの回数の割合をまとめたものです。

上向き　下向き

投げた回数	上向きの回数	投げた回数に対する上向きの回数の割合
10	8	0.80
50	36	0.72
100	56	0.56
500	320	0.64
1000	610	0.61
1500	885	0.59
2000	1200	0.60

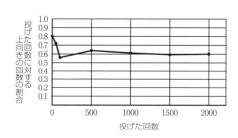

画びょうが上向きになる確率をア〜エから1つ選び，選んだ理由を表やグラフから読み取ったことをもとにして説明しなさい。

　ア　およそ1.0　　イ　およそ0.8　　ウ　およそ0.6　　エ　およそ0.5

3 問題作成のねらい［『略案』第1学年 pp.108-109，授業例5］

『略案』では，多数回の試行を行い，10回ごとの表が出る回数の割合をグラフに表したものを読み取り，一定の値に近づいた相対度数が確率であることを理解する学習活動を行っている。

このテスト問題では，授業とは異なる画びょうを題材としたデータを示し，表やグラフから多数回の試行によって得られる確率を読み取り，その根拠を表現できているかどうかを評価する。

次の図のような足つきボタンがある。これを投げるとき，表と裏が出ることはどちらが起こりやすいだろうか。

表　　　　　　　裏

4 評価の視点および解答例

【「おおむね満足できる」状況（B）】

・ウを選択し，データ（表，グラフ）を根拠として，記述することができている。

【解答例】

（答）ウ

・（表）2000回投げて上向きの回数が1200回となり相対度数が0.6だから

・（グラフ）グラフが一定になっていて，そのときの割合がおよそ0.6だから　など

このテスト問題では，選択した確率に対する理由を表やグラフから読み取った記述から「思考・判断・表現」を評価する。なお，表もしくはグラフのいずれかを根拠として説明することで，「おおむね満足できる」状況（B）であると判断できる。

さらに，表，グラフの両方の記述があるものや，解答に次のような記述が具体的に示されていれば，「十分満足できる」状況（A）と判断することができる。

・1000回から2000回の上向きの相対度数が，最大0.61，最小0.59なので中央値（平均値）を考えると0.6になるから

・1000回から2000回と多数回実験した結果として相対度数のばらつきが少なくなり，0.6に近づいているから　など

なお，本テスト問題では表のみを与え，グラフの概形を表現させる問いを設定し，「大数の法則によって相対度数が一定に近づくことで確率を求めることができる」という考えを見取ることも可能であると考える。

5 学習評価アイデア

本単元における「思考・判断・表現」の評価は，ノートやレポートなども総合して評価することを基本としたい。

『略案』（p.107，授業例4）では，3つの紙ふぶきの滞空時間を実験し，その結果をヒストグラムや度数折れ線に整理し，読み取る学習活動を行っている。そこで，テスト問題においても，右のように2つの事象を比較し，データから読み取って表現することのできる問題を出題し，その記述内容を評価するようにしたい。

次の相対度数折れ線は，A 2cm×1cmとB 3cm×2cmの紙ふぶきの滞空時間を表したものです。どちらの紙ふぶきの滞空時間が長いと判断しますか。選んだ理由をグラフから読み取り，説明しなさい。

■A 2cm×1cm　■B 3cm×2cm

1 評価規準

・相対度数を確率とみなして，不確定な事象の起こりやすさについての傾向を読み取り表現することができる。
【思考・判断・表現】

・問題解決の過程を振り返り，目的に応じてデータの分布の傾向を的確に読み取り，多面的に捉えて考えようとしている。

【主体的に学習に取り組む態度】

2 テスト問題

指定上靴の販売店の店長は，Ｆ中学校の新入生に販売するための靴を140足発注することにしました。右のグラフは，過去5年間に売り上げた各サイズの足数の相対度数を表したもので，平均値は24.5cm です。

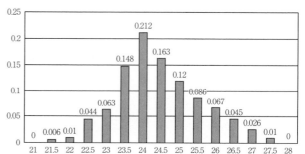

① 店長は平均値である24.5cm の靴を一番多く発注しようと考えていましたが，それは適切ではありません。
その理由を「なぜなら〜」に続けて説明しなさい。

② あなたなら27.5cm の靴を何足発注しますか。発注数とその理由を説明しなさい。

3 問題作成のねらい [『略案』第1学年 p.110, 授業例6]

『略案』では，右のデータを提示し，ジュニアスキー用の貸し出し靴を購入することのできる立場として，相対度数を求めたり，確率とみなしたりすることを通して，購入数を決定する方法を多面的に考察している。

テスト問題①は店長に意見を出すことのできる立場で，平均値で求めることには問題があることを指摘した上で，適切な発注数を決定する方法を具体的に記述できること，②は店長の立場として，発注数を意思決定する理由を具体的に記述できることが期待される。いずれも，「思考・

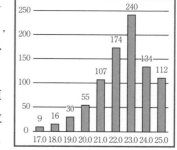

判断・表現」を評価する問題であるが，②では，発注数を決定する方法を多面的に捉えているかどうかを見取ることができるため，「主体的に学習に取り組む態度」の評価に生かすこともできる。

4 評価の視点および解答例

　テスト問題②における「思考・判断・表現」の評価については，発注数の140足と相対度数0.01をかけた値を四捨五入するなどして，27.5cmの発注数を決定する方法が具体的に記述できているかどうかを見取るようにする。「主体的に学習に取り組む態度」の評価については，問題の解決過程を振り返り，発注数を決定する方法を計算のみでなく，現実的に考えようとしているかどうかなどを見取るようにする。

> $140 \times 0.01 = 1.4$　四捨五入すると１なので１足を発注します。

②の生徒の解答例❶

　例えば，②の生徒の解答例❶，❷で，「思考・判断・表現」の評価は，140×相対度数を計算した値をもとにして，テスト問題①，②の両方で具体的に記述できているかどうかを総合して「十分満足できる」状況（A）と判断する。

> $140 \times 0.01 = 1.4$　四捨五入すると１である。でも予備を含めて，２足発注します。
> また，この１足は最も多く発注する24cmの発注分から１足減らします。

②の生徒の解答例❷

　「主体的に学習に取り組む態度」の評価は，②の生徒の解答例❷のように，計算で求めた値に，現実的に考えた視点が記述されている場合，問題を多面的に解決しようとしている姿勢を見取ることができることから（A）と判断することができる。このような記述をしている生徒を記録に残し，単元全体の「主体的に学習に取り組む態度」の評価に加点するとよい。

5 学習評価アイデア

　本単元で「主体的に学習に取り組む態度」を評価するためには，単元を通して，統計的に問題を解決する方法（PPDAC）を経験させたり，新たな問題を見いだしてレポートとしてまとめる活動に取り組ませたりすることが前提であると考える。特に記録に残す評価としては，振り返りシートに問題の解決を通して身に付けた見方・考え方を記述させることや，レポートの感想を見取ることを基本としたい。

　例えば『略案』（p.107，授業例４）の最後では，右のようなテーマで授業を振り返らせ，新たな問題の解決に向けて必要な見方・考え方を記述させている。

> PPDAC サイクルで重要な視点と新たな問題をさらによりよく解決するポイントは？

1 「式と計算」のテスト＆評価

1 「知識・技能」のテスト問題例

1 評価規準

・分数をふくむ多項式の加法，減法を計算することができる。

2 テスト問題

$\dfrac{2x-y}{3} - \dfrac{x-4y}{2}$ について，次の問いに答えなさい。

① この式を2通りの方法で計算しなさい。

> 方法1
> 通分してから計算する

> 方法2
> 項に分けてから計算する

② この式は分母をはらって計算することができません。その理由を答えなさい。

3 問題作成のねらい [『略案』第2学年 p.19，授業例3]

このテスト問題では，式と等式の違いを理解しているかどうか，分配法則を用いて正しい式変形を行うことができるかどうかを評価する。

『略案』では，右のように計算を1題提示し，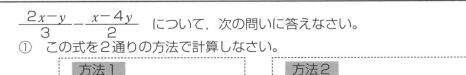 生徒によく見られる「分母をはらって計算する」などの間違い例を取り上げながら授業を行っている。途中式を書きながら「なぜこれではいけないのか？」と複数回生徒に尋ね，やりとりを通じてわかったことを言葉で記しながら正しい計算方法について学習している。

この分数をふくむ多項式の計算には，多くの既習内容が用いられる。第2学年の1学期段階では定着度が低いため，単なる注意喚起に留めず，式の過程を丁寧に言葉で表現させるなどの指導が求められる。したがって①では，それぞれの方法に基づき計算式を記すことができるかどうか，②では授業でも確認した「分母をはらってはいけない理由」を問うテスト問題を作成した。

$\dfrac{x+2y}{2} - \dfrac{x-y}{3}$ を計算してみよう。

4 評価の視点および解答例

【「おおむね満足できる」状況（B）】

・分数をふくむ多項式の加法，減法の計算の仕方を理解し，計算することができる。

【解答例】

① 解法1

$$= \frac{2(2x-y)}{6} - \frac{3(x-4y)}{6}$$

$$= \frac{2(2x-y) - 3(x-4y)}{6}$$

$$= \frac{4x - 2y - 3x + 12y}{6}$$

（以下，省略）

解法2

$$= \frac{1}{3}(2x-y) - \frac{1}{2}(x-4y)$$

$$= \frac{2}{3}x - \frac{1}{3}y - \frac{1}{2}x + 2y$$

$$= \frac{4}{6}x - \frac{1}{3}y - \frac{3}{6}x + \frac{6}{3}y$$

（以下，省略）

② ・方程式ではないから ・等式の性質が使えないから など

　このテスト問題では，指定された方法にしたがって計算式を正しく書けるか否かで「知識・技能」を評価する。なお，①のいずれかを【解答例】のように答え，②の理由として「方程式ではないから」「等式の性質が使えないから」などという記述が見られれば，「おおむね満足できる」状況（B）にあると判断できる。①のいずれも【解答例】のように答えている場合には「十分満足できる」状況（A）と判断することができる。②においては，「$\frac{1}{3} - \frac{1}{2}$ は $-\frac{1}{6}$ が正解なのに，分母をはらって6倍した場合，$2 - 3$ となり $-\frac{1}{6}$ とは別の値になってしまうから」のような分数をふくむ例が具体的に示されたりした場合も同様に（A）と判断できる。

　なお，本テスト問題以外にも誤りの部分を指摘させて正しい計算式を書かせたり，加法の式や減法の式などの計算問題を複数題与え，その記述の状況から定着度を見取ったりすることも可能である。

5 学習評価アイデア

　本単元の「知識・技能」に関わる評価では，既習の知識と関連付けて基礎的な概念や法則などが理解できているかを見取る必要がある。

　『略案』（p.18，授業例2）では，同類項の意味を理解し，同類項をまとめて式を簡単にする授業を取り上げている。第1学年の式の計算の学習で見られる $3x + 4 = 7x$ や $2a - a = 2$ のような誤りを踏まえて，項の意味や計算の法則を振り返らせるなど，これまでの文字を用いた式の計算と関連付けて考察させたり，表現させたりするような右のテスト問題も考えられる。

> 次の計算には誤りがあります。その誤りを指摘しなさい。
>
> $$4a^2 - 7a + 6a + 3a^2$$
> $$= 4a^2 + 3a^2 - 7a + 6a$$
> $$= 7a^2 - a$$
> $$= 7a$$

2 「思考・判断・表現」のテスト問題例

1 評価規準

・文字を使って数の性質を説明することができる。

2 テスト問題

茜さんは，「連続する３つの奇数の和がどんな数になるか」を考えています。

   7，9，11のとき 7＋9＋11＝27

   13，15，17のとき 13＋15＋17＝45

このとき，次の問いに答えなさい。

① 茜さんは，これらの結果から『連続する３つの奇数の和は９の倍数になる』と予想しました。しかし，よく調べてみると<u>この予想は正しくない</u>ことがわかりました。その理由を説明しなさい。

② 茜さんは，いろいろな連続する３つの奇数の和を調べた結果，『連続する３つの奇数の和は３の倍数になる』と予想し直しました。茜さんの予想が正しいことの説明を完成させなさい。

> 説明
>
> nを自然数とすると，連続する３つの奇数は$2n-1$，$2n+1$，$2n+3$と表せる。それらの和は，
>
> -

3 問題作成のねらい [『略案』第２学年 p.24，授業例６]

『略案』では，生徒に見られる間違いを右のような問題として提示し，ある事柄が成り立たないことを示すには反例を１つあげればよいこと，さらに正しい文字の用い方や筋道立てて説明することについて学習している。

> 「nを整数とすると，偶数は$2n$と表せる。$2n+2n=4n$となるから，２つの偶数の和は４の倍数になる。」
> この説明は，正しいだろうか。

授業では，「２＋２＝４や４＋４＝８となるので説明が正しい」という予想が多くを占める中，「いろいろな偶数のことを表したことにはなっていない」「他の数でもたくさん調べてみたらわかる」などという発表を通じて，正しくないことの説明の仕方について学習している。

これらを踏まえて，本テスト問題では，連続する奇数について予想された事柄をよみ，予想された事柄を「振り返って考えることができるか」「事柄が成り立つ理由を説明することができるかどうか」を評価する。

4 評価の視点および解答例

【「おおむね満足できる」状況（B）】
・文字を使って数の性質が成り立つ理由を，筋道立てて考え説明することができる。

【解答例】
① 茜さんの予想は，すべての数について成り立っていなければならない。しかし3，5，7の場合など，和が9の倍数とならないもの（和：15）が存在するので正しくない。

② $(2n-1)+(2n+1)+(2n+3)=6n+3=3(2n+1)$
したがって，連続する3つの奇数の和は3の倍数である。

このテスト問題では，説明するための結論と根拠を，文字式や言葉を用いて的確に記述できているかどうかで「思考・判断・表現」を評価する。なお，①で反例を示すことができ，②で【解答例】のような記述が見られれば，「おおむね満足できる」状況（B）にあると判断できる。さらに②の解答部分に，結論として「$3(2n+1)$ は3の倍数である」と表し，その根拠を「$2n+1$ が自然数であること」と簡潔に示されていれば，「十分満足できる」状況（A）と判断することができる。

5 学習評価アイデア

本単元における「思考・判断・表現」の評価は，連続する奇数の和について成り立つ事柄を発展的に考えさせることも可能である。

例えば，連続する4つの奇数の和について成り立つ事柄を見いださせ，反例が存在しないかを吟味し，数についての性質を予想させる。説明する前提となること（連続する4つの奇数）が変わっても，根拠

> 連続する4つの奇数の和がどんな数になるかを調べます。
> 　1，3，5，7のとき　1+3+5+7=16
> 　5，7，9，11のとき　5+7+9+11=32
> 　連続する4つの奇数の和は，どんな数になりますか。また，それが正しいことを説明しなさい。

として用いること（n は整数）や説明される結論（8の倍数になること）などが順序立てて表現できるかどうかで見取るようなテスト問題を作成するなども考えられる。

3 「知識・技能／主体的に学習に取り組む態度」のテスト問題例

1 評価規準

・式を簡単にしてから代入するよさを理解し，式の値を求めることができる。

【知識・技能】

・式の値を求めるための手順を振り返り，要点を整理しようとしている。

【主体的に学習に取り組む態度】

2 テスト問題

> $x=0.8$，$y=-1.4$のとき，$-2(6x+2y)+2(x-3y)$ の値を求めたい。このとき，次の問いに答えなさい。
> ① 求める過程を書いて，式の値を求めなさい。
> ② どのようなことに気を付けるとミスを減らして式の値を求められますか。①の余白部分に具体的に説明しなさい。

3 問題作成のねらい [『略案』第2学年 pp.20-21，授業例4]

このテスト問題では，式を簡単にしてから数を代入する方が計算しやすくなることや負の数を代入する際にはかっこをつけて代入することなどを理解し，求めることができるかどうかを評価する。

『略案』では，右の問

> $x=\dfrac{3}{4}$，$y=-\dfrac{2}{3}$ のとき，$24x^3y^4 \div 36x^2y^3$ の値を求めてみよう。

題を提示し，生徒の誤答を全体で取り上げながら授業を行っている。具体的には，個人思考の段階で様々な方法で式の値を求めていることを伝え，「大変とか面倒とか，そう感じた一番の理由は何だろうか？」と尋ねながら，思うように手が進まない原因について共有している。そこで明らかとなってきたことを言葉として板書し，式を簡単にしてから代入するよさと負の数を代入する際にはかっこをつけて代入する求め方について学習している。

この第1学年から続く学習内容との系統性を鑑みて，ミスをしないための求め方を自らの言葉で具体的に説明できるかどうかを期待して問題を作成した。

4 評価の視点および解答例

このテスト問題における「知識・技能」の評価については，計算過程が正しく記されている

かどうかを見取るようにする。「主体的に学習に取り組む態度」の評価については，計算過程を振り返り，自らの学びを表出しようとしているかどうかを見取るようにする。

「知識・技能」の評価は，例えば解答例❶のように式の値を導くことができていても式を簡単にしてから代入するよさを見いだすことができていない場合は「おおむね満足できる」状況（B），解答例❷のような記述が見られれば，「十分満足できる」状況（A）と判断する。

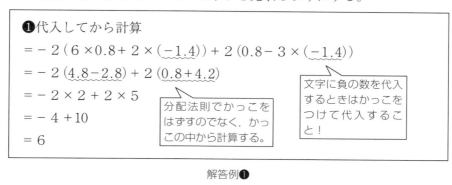

❶代入してから計算
$= -2(6 \times 0.8 + 2 \times (-1.4)) + 2(0.8 - 3 \times (-1.4))$
$= -2(4.8 - 2.8) + 2(0.8 + 4.2)$
$= -2 \times 2 + 2 \times 5$
$= -4 + 10$
$= 6$

> 分配法則でかっこをはずすのでなく，かっこの中から計算する。

> 文字に負の数を代入するときはかっこをつけて代入すること！

解答例❶

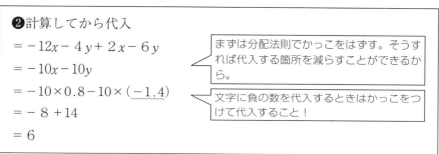

❷計算してから代入
$= -12x - 4y + 2x - 6y$
$= -10x - 10y$
$= -10 \times 0.8 - 10 \times (-1.4)$
$= -8 + 14$
$= 6$

> まずは分配法則でかっこをはずす。そうすれば代入する箇所を減らすことができるから。

> 文字に負の数を代入するときはかっこをつけて代入すること！

解答例❷

「主体的に学習に取り組む態度」の評価は，記述されている要点が1つの場合は（B），2つ以上の要点が【解答例】のように記されていれば（A）と判断する。したがって解答例❶，❷には記述内容に差は見られるものの要点が2つ以上記されているため「主体的に学習に取り組む態度」においてはいずれの評価も（A）と判断する。

5 学習評価アイデア

本単元で「主体的に学習に取り組む態度」を評価するためには，問題解決の方法や過程・結果を振り返って検討している姿を見取らねばならない。そのため，テスト問題において学びの深まりを文字に表す場面が不可欠となる。

「知識・技能」を評価する問題の解答が仮に不十分だったとしても，生徒が自己調整を図ろうと取り組む姿勢を大切にしたい。例えば，下に示すテスト問題を提示し，学んだ内容を式ではなく言葉などで振り返らせるなどして評価することも考えられる。

> （解答例❶にある「代入してから計算する」方法を示し）
> 　上記とは異なる求め方とその方法のよさを説明しなさい。

2 「連立方程式」のテスト&評価

1 「知識・技能」のテスト問題例

1 評価規準

・2元1次方程式の解と連立方程式の解の意味の違いを理解している。

2 テスト問題

$$\begin{cases} x+y=8 & \cdots① \\ 3x+2y=19 & \cdots② \end{cases}$$

Aさんは，左の連立方程式を見て，「1と7をたすと8になるから，連立方程式の解は $x=1$，$y=7$」と答えましたが，Aさんの考えは正しくありません。
連立方程式の解が $x=1$，$y=7$ ではない理由を答えなさい。

3 問題作成のねらい［『略案』第2学年 p.31，授業例1］

このテスト問題では，2元1次方程式の解の意味と，連立方程式の解の意味を理解しているかどうかを評価する。

『略案』では，右のような問題を提示し，2元1次方程式の解が無数にあることを実感させた上で，次時に「底辺が等しい長さの辺より

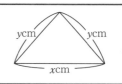

60cmのひもで，右のような二等辺三角形をつくる。x と y はいくらになるだろうか。

6cm 長いとき，x と y はいくらになるだろうか。」という条件を加え，2元1次方程式の解の意味と連立方程式の解の意味の違いに気付かせる授業を行っている。

本テスト問題における A さんの考えは，①の2元1次方程式は成り立つが，②の2元1次方程式は成り立たないことを説明するために必要な場面設定である。$x=1$，$y=7$ は①の2元1次方程式の解ではあるが，②の2元1次方程式の解ではない。連立方程式の解とは，2つの2元1次方程式の両方を成り立たせる文字の値の組であることを，説明できるかどうかを見取ることを目的としてこの問題を作成した。

4 評価の視点および解答例

【「おおむね満足できる」状況（B）】

・2元1次方程式の解と連立方程式の解の意味の違いを説明することができる。

【解答例】

・②の式に $x=1$，$y=7$ を代入すると成り立たないから，$x=1$，$y=7$ は連立方程式の解ではない。　など

このテスト問題では，間違っている理由の記述や解の意味についての説明などから「知識・技能」を評価する。【解答例】のように答えることで，「おおむね満足できる」状況（B）にあると判断できる。さらに，解答に次のような記述が具体的に示されていれば，「十分満足できる」状況（A）と判断することができる。

・$x=1$，$y=7$ は，①の2元1次方程式の解ではあるが，②の解ではないことにふれている。

・①と②の2元1次方程式を両方とも成り立たせる文字の値の組を，連立方程式の解ということにふれている。　など

なお，本テスト問題では，この連立方程式を正しく解いて解が $x=1$，$y=7$ ではないことを説明することも可能である（この場合は，「おおむね満足できる」状況（B）と判断する）。

そのため，

「この連立方程式を解かずにAさんに説明しなさい。」

「次の言葉に続けて説明しなさい。」

などと，説明の仕方に条件を加えて出題することも考えられる。

5 学習評価アイデア

本単元では，連立方程式の解き方として「加減法」と「代入法」を学習する。

「知識・技能」を評価するためには，単に連立方程式を正しく解くことができるかどうかを見取るだけはなく，テスト問題を通してその解き方の違いや計算方法の意味を考えるようにしたい。

例えば，『略案』（p.29，問題6）では，「代入法」と「加減法」の両方の解き方を扱っている。ここでは，右のようなテスト問題を通して，「加減法」と「代入法」のどちらの解き方も一方の文字を消去して，文字が1つの1元1次方程式を導いて解く方法であることを理解しているかどうかを適切に見取るようにしたい。

$$\begin{cases} -2x+y=1 \\ 3x-2y=5 \end{cases}$$ を解くとき，加減法と代入法のどちらで解くとよいか答えなさい。

また，加減法と代入法とはどのような解き方なのか，共通する考え方を書きなさい。

2 「思考・判断・表現」のテスト問題例

1 評価規準

・具体的な問題から数量の関係を捉え，連立方程式を使って問題を解決することができる。

2 テスト問題

「ある中学校の昨年の生徒数は520人でした。今年は，男子が20%増え，女子が10%減ったので，生徒数は540人になりました。今年の男子と女子の生徒数をそれぞれ求めなさい。」という問題について，次の問いに答えなさい。

① Bさんは，右のように数
量の関係を表に整理して今
年の男子と女子の生徒数を

	男子	女子	合計
昨年の生徒数（人）	x	y	520
今年の生徒数（人）	$x×\boxed{}$	$y×\boxed{}$	540

求めようとしています。空欄をうめて，表を完成させなさい。また，この表をもとに連立方程式をつくり，問題の答えを求めなさい。

② Cさんも，昨年の男子の生徒数を x 人，女子の生徒数を y 人として右のような連立方程式をつくって問題を解決しました。Cさんのつくった②の式は，どのような数量の関係に着目したか答えなさい。

$$\begin{cases} x+y=520 & \cdots① \\ \dfrac{20}{100}x-\dfrac{10}{100}y=20 & \cdots② \end{cases}$$

③ 「今年の男子と女子の生徒数」を求める問題ですが，BさんもCさんも「昨年の男子と女子の生徒数」をそれぞれ x，y としました。その理由を答えなさい。

3 問題作成のねらい [『略案』第2学年 pp.39-40，授業例6]

　このテスト問題では，具体的な問題解決の場面で連立方程式を利用できるかどうかを評価する。『略案』では，何を x，y として立式するのがよいのかを考え，どのような数量の関係に着目すると立式しやすいのかを判断する授業例を紹介している。授業例では，ハンバーガーとフランクフルトの売れた個数を求める問題を提示し，「生産数の合計」と「販売数の合計」に着目しながら問題を解決した。そこで，テスト問題では，授業では扱うことのできなかった「（昨年と今年の生徒数の）増減分の合計」について取り上げ，立式するために必要な数量の関係を読み取ることができるか，また能率的な問題の解決方法について考えることができるかを見取るようにする。

4 評価の視点および解答例

【「おおむね満足できる」状況（B）】

・問題から数量の関係を捉え，連立方程式を利用して，今年の男子と女子の生徒数を求めることができる。

【解答例】

① 空欄（左から）$\dfrac{120}{100}$，$\dfrac{90}{100}$ 連立方程式 $\begin{cases} x+y=520 \\ \dfrac{120}{100}x+\dfrac{90}{100}y=540 \end{cases}$

（答）今年の男子の生徒数288人，女子の生徒数252人

② 増えた分の男子の人数から減った分の女子の人数をひくと20人になる など

③ 基準が昨年の生徒数なので，昨年の男子と女子の生徒数を x，y とした など

このテスト問題では，表を使って数量の関係を連立2元1次方程式で表すことができるか，式から数量の関係を読み取ることができるか，また，連立方程式の能率的なつくり方を考えることができるかを記述から評価する。さらに②，③の解答に次のような記述が具体的に示されていれば，「十分満足できる」状況（A）と判断することができる。

・（昨年と今年の男子と女子の生徒数の）増減分の人数の合計

・求める数量を直接 x，y として表さない方が連立方程式をつくりやすく，計算もしやすくなるから など

5 学習評価アイデア

本単元における「思考・判断・表現」の評価は，単元末の活用場面だけではなく，連立2元1次方程式を1元1次方程式に帰着させて考察する場面で見取ることもできる。

例えば，『略案』（pp.32-33，授業例2）では，なぜ連立方程式の解を見つけることができたのかを具体物の操作や算術的な計算，1元1次方程式との関連を図りながら振り返らせている。

この学習を踏まえて，右のようなテスト問題を提示し，連立方程式を利用することのよさについて説明させる。

また，連立方程式を解く際，既に知っている1元1次方程式に帰着して解くなどの数学的な考え方を働かせているかどうかを見取るようにしたい。

> 連立方程式を学習して，どのような問題を解決することができるようになったか，具体例をあげて説明しなさい。

3 「知識・技能／主体的に学習に取り組む態度」のテスト問題例

1 評価規準

・具体的な問題から連立方程式をつくり，その連立方程式を解いて答えを求めることができる。 【知識・技能】

・連立方程式の解が問題の答えとしてふさわしいかを判断したり，答えを導くことのできる問題の数値の条件を考えようとしたりしている。 【主体的に学習に取り組む態度】

2 テスト問題

Dさんは，1個240円のケーキと1個80円のシュークリームを合わせて12個買い，代金をちょうど2000円にしたいと考えています。このとき，次の問いに答えなさい。

① ケーキを x 個，シュークリームを y 個買うとして連立方程式をつくりなさい。また，その連立方程式を解き，ケーキとシュークリームを求めることができないことを確かめなさい。

② Eさんは，代金を1600円にしたら，ケーキとシュークリームの個数を求められるかを考えています。Eさんの考えで解決する過程を書きながら，代金がどのような値なら個数が求められるか説明しなさい。

3 問題作成のねらい ［『略案』第2学年 p.36，授業例4］

このテスト問題では，本単元で学んだ連立方程式を活用した簡単な問題について，立式して答えを求めることができるか，また，問題の条件について問題を解決する過程を振り返って考えることができるかを評価する。

『略案』では，「問題を，連立方程式を使って解決する手順を確認しよう。」という教師の発問から，問題を解決する手順を整理する活動を行っている。解の吟味の意味については，2元1次方程式に解を代入して等式が成り立つかどうかを判断することと誤解している生徒がいる。そこで，このテスト問題では，解が問題の答えとしてふさわしくない場合があることや，条件に不備があり答えを導くことができない問題があることを示し，解の吟味の必要性と意味について正しく理解しているかどうかを評価する。

4 評価の視点および解答例

　このテスト問題における「知識・技能」の評価については，①と②の設問から数量関係を読み取り連立方程式を立式することができるか，連立方程式を解くことができるか，さらに，連立方程式を活用して問題を解決する手順を理解しているかを見取るようにする。「主体的に学習に取り組む態度」の評価については，②の設問において連立方程式を解く過程を振り返り，解決できる問題の数値の条件を説明させることによって，自分の学びを表出しようとしているかを見取るようにする。

　例えば，②の解答例❶は，「知識・技能」の評価は「十分満足できる」状況（A）と判断できるが，解が自然数になるという理由だけで，問題の答えとして適していると記述していることに留まっており，「主体的に学習に取り組む態度」の評価は「おおむね満足できる」状況（B）と判断できる。さらに，次のような記述が示されていれば，（A）と判断することができる。

・xとyの値が自然数になる条件について適切に説明している。
・1600以外の値についても考えようとしている。　など

　例えば，②の解答例❷はどのようなときにxが自然数になるかを振り返り，xとyがともに自然数になるための条件が読み取れるため，（A）と判断することができる。

> $x = 4$，$y = 8$
> 　ケーキ4個，シュークリーム8個は問題の答えとしてよいので，合計を1600円にすると問題が解決できる。

②の解答例❶（計算過程は省略）

> $240x + 80y = 1600$
> $3x + y = \boxed{20}$
> $-)\ \ x + y = 12$
> $\ \ 2x\ \ \ \ = 8$
>
> □の値が14，16，18，20，22，24，のとき，x，yが自然数になるので，個数が求められる。
>
> 　これら6つの値に80をかけると代金が求められる。

②の解答例❷（計算過程において）

5 学習評価アイデア

　本単元で主体的に学ぶ力を育成するためには，問題の解決過程を振り返って，生徒どうしの多様な考えを相互に出し合い，認め合ったりする協働的な活動も重視したい。

　例えば，『略案』（p37，授業例5）では，問題の一部を考え，その問題を解決する活動を通して，生徒が新たな発想ができるように指導している。

　この学習を踏まえて，右のようなテスト問題を出題し，これまでの学習を振り返らせながら，「主体的に学習に取り組む態度」を評価することもできる。

> 　次のような連立方程式を使って解く問題をつくりなさい。
> $$\begin{cases} 3x + 5y = 1300 \\ 2x + 4y = 1000 \end{cases}$$

3 「1次関数」のテスト&評価

1 「知識・技能」のテスト問題例

1 評価規準

・2元1次方程式のグラフのかき方を理解している。

2 テスト問題

AさんとBさんは，2元1次方程式$2x-3y+6=0$のグラフのかき方を次のように説明しています。このとき，次の問いに答えなさい。

Aさん：$2x-3y+6=0$をyについて解きました。僕はその式を使ってグラフをかきました。

Bさん：$2x-3y+6=0$に$x=0$と$y=0$をそれぞれ代入して，グラフが通る2点を見つけました。私は，その2点を使ってグラフをかきました。

① Aさんのかき方でグラフをかくとき，yについて解いた式を答えなさい。
また，Aさんはその式をどのように使ってグラフをかいたのか説明しなさい。

② Bさんのかき方でグラフをかくとき，グラフが通る2点の座標を答えなさい。
また，Bさんはその2点をどのように使ってグラフをかいたのか説明しなさい。

3 問題作成のねらい ［『略案』第2学年 p.50，授業例4］

このテスト問題では，2元1次方程式のグラフのかき方を理解しているかを評価する。

『略案』では，右のような問題を提示し，2元1次方程式の解を座標

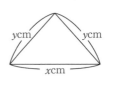

16cmのひもで，右のような二等辺三角形をつくる。xとyの関係をグラフで表すとどうなるだろうか。

とする点をとり，2元1次方程式のグラフが直線になることを実感させる授業を行っている。さらに，「違う見方でグラフをかくことはできないだろうか？」という発問から2元1次方程式のグラフを捉え直し，1次関数のグラフと2元1次方程式のグラフが一致することを理解できるように授業の展開を工夫している。

本テスト問題は，2元1次方程式のグラフを1次関数のグラフと捉え直すことができているかどうか，2元1次方程式のグラフが直線であることを根拠に，グラフのかき方を理解しているかどうかを見取ることを目的として作成した。

4　評価の視点および解答例

【「おおむね満足できる」状況（B）】

・$2x - 3y + 6 = 0$のグラフのかき方を理解している。

【解答例】

① $y = \dfrac{2}{3}x + 2$　　（説明）傾き$\dfrac{2}{3}$，切片2の直線のグラフをかいた。

② （0，2），（－3，0）　　（説明）この2点を通る直線をかいた。

　このテスト問題では，①におけるyについて解いた式とグラフのかき方の説明，②における2点の座標とグラフのかき方の説明から「知識・技能」を評価する。また，①，②の双方において【解答例】のような説明があれば，「おおむね満足できる」状況（B）にあると判断できる。さらに，解答に次のような記述が具体的に示されていれば，「十分満足できる」状況（A）と判断することができる。

　・$2x - 3y + 6 = 0$をyについて解くと1次関数の式になること

　・1次関数のグラフと一致することから，2元1次方程式のグラフは直線になること　など

　なお，本テスト問題では，2通りのグラフのかき方を明示した形で出題して評価を行っている。「$2x - 3y + 6 = 0$のグラフをかき，そのかき方を説明しなさい。」と出題したり，「グラフを2通りの方法でかきなさい。」などと出題したりして，理解の状況を見取ることも可能である。

5　学習評価アイデア

　本単元では，比例，反比例の学習をもとに1次関数の理解を深める。関数の変化の仕方を捉えるには，変化の割合の理解が重要となる。「知識・技能」を評価するためには，単に変化の割合を求めることだけはなく，その意味を理解できているかどうかを見取るようにしたい。

　例えば，『略案』（p.47，授業例2）では，1次関数の対応するxとyの値をまとめた表を完成させる活動を通して変化の割合とその意味についての理解を深めている。

　この学習を踏まえて，右のようなテスト問題を通して，表が示されていなくても与えられた式から変化の割合とその意味について理解しているかどうかを見取ることもできる。

> 　1次関数$y = -3x + 2$の変化の割合をいいなさい。また，その値は何を表しているか答えなさい。

2 「思考・判断・表現」のテスト問題例

1 評価規準

・1次関数を利用して具体的な事象の問題を解決する方法を説明することができる。

2 テスト問題

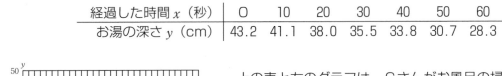

経過した時間 x（秒）	0	10	20	30	40	50	60
お湯の深さ y（cm）	43.2	41.1	38.0	35.5	33.8	30.7	28.3

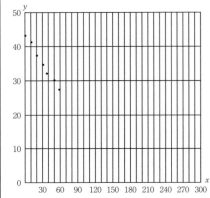

　上の表と左のグラフは，Cさんがお風呂の掃除を頼まれたときに，お湯を抜き始めてから経過した時間とお湯の深さの関係を10秒ごとに調べて表したものです。

　Cさんは，このまま一定の割合でお湯の深さが減少すると考えました。このとき，お湯がなくなるのは，お湯を抜き始めてから何分後かを求める方法を説明しなさい。

　また，その方法で，お湯がなくなるまでの時間を求めなさい。

3 問題作成のねらい ［『略案』第2学年 pp.51-52，授業例5］

　このテスト問題では，具体的な問題解決の場面で，1次関数の考えを利用できるかどうかを評価する。

　『略案』では，富士山周辺の観測所における標高と8月の平均気温から，富士山の6合目の8月の平均気温を求める授業例を紹介している。そこでは，具体的な場面から関数の関係にある2つの数量を取り出してその関係を表やグラフを用いて調べ，1次関数であるとみなして問題を解決する活動を重視した。これらを踏

　次の表は，富士山周辺の観測所における「標高」と「8月の平均気温」を調べたものである。これで，富士山の6合目（2500m）の8月の平均気温は予測できるだろうか。

観測所	標高	平均気温	観測所	標高	平均気温
A（甲府）	273	27.7	D（河口湖）	860	23.3
B（勝沼）	394	26.7	E（山中）	992	21.7
C（古関）	552	24.9	F（富士山）	3775	6.4

まえて，1次関数とみなすことのできる事象について，その問題を解決する方法を説明できるかどうかを見取ることを目的としてテスト問題を作成した。

4 評価の視点および解答例

【「おおむね満足できる」状況（B）】

・表やグラフから1次関数の関係にあるとみなして，1
次関数のグラフや変化の割合，式の特徴をもとに解決
方法を説明することができる。

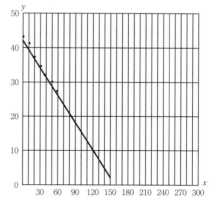

【解答例】

・直線のグラフをかく　　　　（答）およそ165秒

・1次関数の式を求める　　　（答）およそ170秒

・表から $y=0$ になる時間を求める

（答）およそ170秒　など

　このテスト問題では，表，式，グラフのいずれかを使った記述から「思考・判断・表現」を評価する。なお，いずれかを使った説明がなされていることで「おおむね満足できる」状況（B）と判断できる。さらに，次のような記述が具体的に示されていれば，「十分満足できる」状況（A）と判断することができる。

・点が直線上にあるとみなしてグラフをかき，y 座標が0のときの x 座標を読むこと

・1次関数とみなして式を求め，$y=-2.5x+43.2$ に $y=0$ を代入して求めること

・10秒ごとにおよそ2.5cm ずつ減少していることなどから1次関数とみなして変化の割合
を求め，お湯を抜き始めてからなくなるまでの時間を算出すること　など

5 学習評価アイデア

　本単元における「思考・判断・表現」の評価は，1次関数の考えを使って現実的な事象を比べる場面でも見取ることができる。

　例えば，『略案』（p.44，問題12）では，2社の携帯電話会社の月額基本料金と通話時間の料金について，表にまとめたり，式やグラフに表したりして問題を解決した。

　この学習を踏まえて，右のようなテスト問題を提示し，説明の目的に応じて表，式，グラフを適切に選択して表現することができるかを見取ることもできる。

> 　Cさんが，お風呂の電球が切れたので，店に買いに行くと，次の2種類の電球が売っていました。どちらを購入するのがよいでしょう。使用時間によってどちらが得になるのかを，表，式，グラフのいずれかを使って説明しなさい。
>
> | | LED電球 | 蛍光灯 |
> |---|---|---|
> | 1個の値段 | 4000円 | 800円 |
> | 耐久時間 | 40000時間 | 1000時間 |
> | 1時間あたりの電気代 | 0.8円 | 1.6円 |

3 「思考・判断・表現／主体的に学習に取り組む態度」のテスト問題例

1 評価規準

・数量の変化の様子をグラフに表すことができる。　　　　　　　　【思考・判断・表現】

・グラフから数量の変化の様子を読み取り，説明しようとしている。

【主体的に学習に取り組む態度】

2 テスト問題

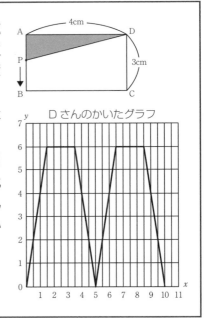

　　右のような長方形ＡＢＣＤで，点ＰはＡを出発して毎秒 <u>1cm</u> の速さで，長方形の辺上を，<u>Ｂ，Ｃを通ってＤまで動きます</u>。点ＰがＡを出発して x 秒後の△ＡＰＤの面積を y cm² とするとき，次の問いに答えなさい。

①　△ＡＰＤの面積の変化の様子を表すグラフをかきなさい。

②　Ｄさんは，問題文の２つの下線部（「Ｐの動く速さ」と「Ｐの動き方」）を変えて，△ＡＰＤの面積の変化の様子を表すグラフを右のようにかきました。ＤさんはＰの動く速さとＰの動き方をどのように変えたのかをグラフから読み取って説明しなさい。

3 問題作成のねらい ［『略案』第２学年 p.44，問題13］

　このテスト問題では，本単元で学んだ１次関数を活用した問題について，面積の変化の様子をグラフで表すことができるか，また，問題の条件についてグラフから読み取って考えることができるかを評価する。

　『略案』では，数量の変化の様子を，表，式，グラフを用いて捉え，解決する問題を取り上げた。このテスト問題は，変化の様子をグラフに表すだけではなく，グラフから数量の変化の様子を読み取り，点Ｐの動く条件を，既習内容をもとに説明できるかを見取ることを目的として作成した。

4 評価の視点および解答例

　このテスト問題における「思考・判断・表現」については，問題から数量の変化の様子を捉えることができるか，またそれをグラフに表すことができるか，さらにグラフから数量の変化の様子を読み取ることができるかを見取る。「主体的に学習に取り組む態度」の評価については，②の設問において点Pの動く速さや動き方を説明させることによって，単元での学びを表出しようとしているかを見取るようにする。

　例えば，②の解答例❶は，「思考・判断・表現」の評価は「十分満足できる」状況（A）と判断できるが，読み取った結果のみの記述に留まっていることから「主体的に学習に取り組む態度」の評価は「おおむね満足できる」状況（B）と判断できる。さらに，次のような記述が示されていれば，（A）と判断することができる。

②の解答例❶（記述の一部）

・グラフからx，yの変化の様子を読み取り，表や式で表して説明しようとしている。

・①の面積の変化の様子やグラフをもとに説明しようとしている。　など

　例えば，②の解答例❷はグラフからx，yの変化の様子を読み取り，yをxの式で表し，xの変域などを根拠に，点Pの速さと動き方を説明しようとしているので，「主体的に学習に取り組む態度」は（A）と判断することができる。

②の解答例❷（記述の一部）

5 学習評価アイデア

　本単元で「主体的に学習に取り組む態度」を評価するためには，数学的な表現のよさを実感することができているかどうかも見取るようにしたい。そのため，学んだことを振り返って，既習内容との相違点や類似点を明らかにすることも大切である。例えば，『略案』（p49，授業例3）では，比例のグラフとの比較を通して，1次関数のグラフの特徴を理解できるように指導している。

　この学習を踏まえて，右のようなテスト問題を出題し，1次関数の変化と対応について，表，式，グラフの特徴についてまとめさせながら「主体的に学習に取り組む態度」を評価することもできる。

> 　1次関数（$y = 2x + 3$）の変化と対応にはどのような特徴がありますか。表，式，グラフにおける特徴を1年生のときに学んだ比例（$y = 2x$）と比べて説明しなさい。

4 「平行と合同」のテスト&評価

1 「知識・技能」のテスト問題例

1 評価規準

・三角形の合同条件について理解している。

2 テスト問題

右の図の△ABCと△DEFにおいて，
∠B＝∠Eであることはわかっています。
次の(1)〜(4)の条件をそれぞれ加えるとき，
△ABC≡△DEFといえるかを調べます。
このとき，次の問いに答えなさい。

(1) AB＝DE，AC＝DF 　(2) AB＝DE，∠A＝∠D
(3) AB＝DE，BC＝EF 　(4) BC＝EF，AC＝DF

① △ABC≡△DEFといえる条件を(1)〜(4)からすべて選び，その根拠となる三角形の合同条件を答えなさい。

② △ABC≡△DEFとは限らない条件を(1)〜(4)から1つ選び，△ABCと合同にはならない△DEFを作図しなさい。

3 問題作成のねらい ［『略案』第2学年 p.64，授業例7］

このテスト問題では，三角形の合同条件について理解しているかどうかを評価する。

『略案』では，合同な三角形をかくためにはどこを調べればよいかを右のような問題として提示し，三角形の決定条件をもとに合同条件を見いだしている。特に「2組の辺とその間にない角では合同といえないのか？」と

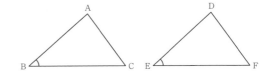

下の図で，△ABCと合同な△ADCをかくためには，△ABCのどこを調べればよいだろうか。

いう疑問を引き出し，三角形が2通りできることから合同とはいえない三角形があることに気付かせる授業を行っている。

①は，三角形の合同条件を根拠に2つの三角形が合同かどうかを判断することができるかを確認するための設問である。②は，授業で扱った「2組の辺とその間にない角が等しい三角形」は合同とはいえない理由を理解しているかを確認する設問である。

4 評価の視点および解答例

【「おおむね満足できる」状況（B）】
・2つの三角形が合同であるために必要な辺や角の相等関係について理解している。

【解答例】
① （2）　1組の辺が等しく，その両端の角がそれぞれ等しい

　　（3）　2組の辺がそれぞれ等しく，その間の角が等しい

② （1）　　　　　　　　　　　　　　（4）

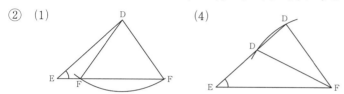

　このテスト問題では，合同条件を根拠に合同な三角形かどうかを判断することや2組の辺と1組の角が等しい三角形が合同とはいえない例を作図させることで「知識・技能」を評価する。なお，①をすべて【解答例】のように答えることで，「おおむね満足できる」状況（B）にあると判断できる。さらに，②のいずれかを作図することができれば，「十分満足できる」状況（A）と判断することができる。

　なお，本テスト問題では3組の角が等しい場合が合同かどうかを判断させていない。①に(5)として，∠A＝∠D，∠C＝∠Fを条件に加えることも可能である。その場合，②は作図ではなく，分度器を用いて合同ではない三角形をかかせるようにする。

5 学習評価アイデア

　三角形の合同条件は，1組の三角形が合同であることを示すだけではなく，三角形が合同であることの性質から結論を導く証明にも使われるなど適用する範囲は幅広い。そこで，三角形の合同条件を機械的に覚え，合同であるかを判断するのではなく，三角形の合同条件について深く理解を問うテスト問題を作成したい。

　例えば，『略案』（p.64，授業例7）には載せてはいないが，「1組の辺と2組の角が等しいときは，2つの三角形は合同といえるか？」という生徒の疑問を授業で扱うことができる。

　この学習を踏まえて，本テスト問題に次の問題を③として加え，1組の辺とその両端の角がそれぞれ等しいことを根拠に2つの三角形が合同かどうかを判断できるかを見取ることもできる。

> ③　AC＝DF，∠A＝∠Dの条件を加えるとき，△ABC≡△DEFといえるだろうか。

1 評価規準

・多角形の内角の和の求め方を三角形の内角の和が180°であることをもとにして説明することができる。

2 テスト問題

六角形の内角の和を　(1)$180° \times 6 - 360°$，(2)$180° \times 5 - 180°$の2つの式で表すとき，次の問いに答えなさい。
　① 図1の六角形の内角の和を求める式は(1)，(2)どちらですか。
　② ①の方法で補助線をひいた場合，n角形の内角の和はどのような式で求められますか。図2に補助線をかき入れて説明しなさい。

図1

図2

3 問題作成のねらい ［『略案』第2学年 p.59，授業例3］

　このテスト問題では，六角形の内角の和について，図にひかれた補助線から式を考察したり，逆に式からどのような補助線をひけばよいか考察したりすることができるかを評価する。そこで，多角形の中にできる三角形の数に着目し，三角形の内角の和が180°であることをもとにして，多角形の内角の和を求められるかを見取るようにしたい。

　『略案』では，右のように2通りの式から五角形の内角の和をどのように求めるかを考え，一般化して多角形の内角の和を求める方法を見いだす授業例を紹介している。また，授業では，補助線のひき方と式を関連させて多角形の内角の和を説明する学習活動を行っている。

五角形の内角の和を次のような式で表した。
　カツオ「$180° \times 3$」
　ワカメ「$180° \times 5 - 360°$」
2人はどのように考えたのだろうか。

　これらを踏まえて，テスト問題では，補助線のひき方と式との関連から，多角形の内角の和についてどのように考えているかを問う。

4 評価の視点および解答例

【「おおむね満足できる」状況（B）】

・多角形の内角の和の求め方について，補助線と三角形の数の関係に着目して，三角形の内角の和が180°であることをもとにして説明することができる。

【解答例】

① （1）

② $180° \times n - 360°$

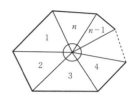

図のように三角形が n 個に分けられるので$180° \times n$

図の内部に余分な角があるので，360° を引くので，

$180° \times n - 360°$ になる。

　このテスト問題では，図にひいた補助線でできる三角形の数に着目し，どのような式で表すことができるかを説明する記述から「思考・判断・表現」を評価する。なお，①と②の両方を【解答例】のように記述することで，「おおむね満足できる」状況（B）にあると判断できる。

　さらに，②の解答に次のように示されていれば，「十分満足できる」状況（A）と判断することができる。

・n 角形の内部の点から頂点へ補助線をひくなど補助線のひき方を記述している。

・n 角形の辺の数と同じ数の三角形に分けられるなど三角形が n 個に分けられる理由を記述している。　など

　なお，本テスト問題では，n 角形の内部の点から頂点へ補助線をひく場合について考えさせている。生徒の授業の様子から判断して，1つの頂点や辺上の点から補助線をひく場合など，評価する場面を変更することも可能である。

5 学習評価アイデア

　本単元における「思考・判断・表現」の評価は，新たな図形の性質を見いだし確かめる場面で見取ることもできる。図形の性質をもとにして，根拠を明らかにして説明するようなテスト問題を工夫して取り入れるようにしたい。

　例えば，『略案』（p.61，授業例5）では，多様な考え方で角度を求めた後に，新たな性質を見いだし，一般化してその理由を説明する授業を紹介している。

　この学習を踏まえて，右のテスト問題を提示し，補助線をひくことで，三角形の性質をもとにして図形の性質を説明できるかどうかを見取ることもできる。

右の図で，
$\angle x = \angle a + \angle b + \angle c$
になる理由を説明しなさい。

3 「知識・技能／主体的に学習に取り組む態度」のテスト問題例

1 評価規準

・証明の必要性と意味を理解している。 【知識・技能】

・平面図形の性質を確かめる場面を振り返り，帰納と演繹の違いを理解し，数学的な推論を適切に用いようとしている。 【主体的に学習に取り組む態度】

2 テスト問題

次の①，②は六角形の外角の和が360°であることを説明したものです。証明といえるものはどちらかを選び，その理由を①と②を比較しながら説明しなさい。

① 分度器で6つの外角を測ると，45°，75°，40°，50°，65°，85°であった。
45＋75＋40＋50＋65＋85＝360　だから六角形の外角の和は360°である。

② 六角形には6つの頂点があり，1つの頂点の内角と外角の和は180°である。
六角形の外角の和は，内角と外角の和から内角の和を引くと求めることができる。
よって，180°×6－180°×（6－2）＝360　だから六角形の外角の和は360°である。

3 問題作成のねらい ［『略案』第2学年 p.66，授業例9］

　このテスト問題では，本単元で学んだ図形の性質の確かめ方を振り返り，証明の意味や必要性について説明することができるかを評価する。

　『略案』では，右のような問題を提示し，証明の必要性について理解を深める授業例を紹介している。授業では，自分たちがかいた図を実測することで90°になることは推測できるが，

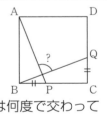

正方形ＡＢＣＤで，辺ＢＣ，辺ＣＤ上にＢＰ＝ＣＱとなるように点Ｐ，Ｑをとる。このとき，ＡＰとＢＱは何度で交わっているだろうか。

すべての図形を調べつくすことができないことに気付かせ，すべての図形で成り立つことを確かめるために証明する必要があることを学習している。

　本単元の学習を踏まえて，本テスト問題では，図形の性質を見いだし，確かめる場面で適切な方法を具体的に記述することが期待される。

4 評価の視点および解答例

　このテスト問題における「知識・技能」の評価については，証明の必要性と意味を理解しているかを説明から見取るようにする。「主体的に学習に取り組む態度」の評価については，基本的な平面図形の性質を見いだす場面やそれらを確かめ説明する場面などの本単元の学習過程を振り返り，帰納と演繹の違いについて，自分の学びを表出しようとしているかを見取るようにする。

　例えば，生徒の解答例❶からは①，②を比較し，②では「確かめたいことを筋道立てて説明している」「すべての六角形で成り立つことがいえる」など証明の意味や必要性について理解している記述が読み取れることから，「知識・技能」の評価は「十分満足できる」状況（A）と判断できる。しかし，どのような場面で用いるかについてはふれておらず，「主体的に学習に取り組む態度」の評価は「おおむね満足できる」状況（B）と判断できる。なお，①は新たな図形の性質を見いだす場面，②は図形の性質を確かめる場面で用いるという具体的な記述が示されていれば，（A）と判断することができる。また，生徒の解答例❷から

> ①はすべての六角形を調べることができないので証明とはいえない。
> ②はすべての六角形の外角の和が360°であることを筋道立てて説明している。

生徒の解答例❶

> ①のように，いくつかの六角形を分度器で測ることで図形の性質を見つけることができる。
> しかし，すべての六角形を調べることができないので証明とはいえない。
> ②はすべての六角形の外角の和が360°であることを筋道立てて説明しているので証明。図形の性質を確かめるときに証明が必要。

生徒の解答例❷

は証明の必要性や意味を理解し，①，②がどのような場面で用いるかを読み取れることから，「主体的に学習に取り組む態度」は，「十分満足できる」状況（A）と判断することができる。

5 学習評価アイデア

　本単元で「主体的に学習に取り組む態度」を評価するためには，新たな図形の性質を見いだし確かめる場面を振り返り，それを確かめるために証明しようとする意欲や姿勢を単元の総括として見取ることを大切にしたい。

　例えば，『略案』（pp.62-63，授業例6）では，凹四角形の角の性質から発展的に考えることを通して，類推の考えの必要性と意味について学習している。

　この学びを踏まえて，右のテスト問題を提示し，これまでの学習を振り返らせながら「主体的に学習に取り組む態度」を評価することもできる。

> 　下の図のように三角形の1辺をでっぱらせる。∠a，∠b，∠c，∠dの4つの角にはどのような関係があると考えられますか。また，そのことを確かめなさい。

1 「知識・技能」のテスト問題例

1 評価規準

・平行四辺形の辺や角，対角線に条件を付け加えると，どんな図形になるかを判断することができる。

2 テスト問題

次の①〜③について，正しいものには○を，正しくないものには×を書きなさい。また，正しいときはその理由を説明しなさい。
① 長方形の１組の隣り合う辺の長さを等しくした四角形はひし形である
② 平行四辺形の１つの角を直角にした四角形は長方形である
③ ひし形の対角線の長さを等しくした四角形は正方形である

3 問題作成のねらい ［『略案』第２学年 p.80，授業例７］

『略案』では，右のような問題を提示し，平行四辺形に１つの条件を追加したときにどんな四角形になるかを考え合う授業を展開している。平行四辺形の性質やひし形の定義を根拠として考えることで，平行四辺形と特別な平行四辺形の関係を理解するよう進めている。

> １組の隣り合う辺の長さを等しくした平行四辺形は，どんな四角形になるだろうか。

この授業を踏まえて，テスト問題では，平行四辺形はもちろん，長方形やひし形にも条件を付け加え，その結果どんな四角形になるかを判断する。判断とその理由の記述から，平行四辺形とひし形，長方形，正方形の関係を理解しているかを見取る。①は，付け加えられた条件によって４つの辺が等しくなるが，このことのみでひし形と判断することなく，長方形の定義をふくめて四角形の種類を判断できるか確認する問題である。②は，『略案』での授業で扱った上述の問題の辺の部分を角に変更した問題である。③は，辺や角だけでなく対角線の条件を付け加える設問である。対角線の性質を踏まえて，どんな四角形か判断する力を見取る。

4 評価の視点および解答例

【「おおむね満足できる」状況（B）】

・平行四辺形と特別な平行四辺形の関係を理解し，付け加えられた条件をもとにどのような図形になるかを判断し，その理由を説明することができる。

【解答例】

① ×　　　② ○ （理由）１つの角　　　③ ○ （理由）ひし形の対角線の長さを
　　　　　　　　　　を直角にすると４つの角　　　　　　　等しくすると，もともと対角線は垂直に
　　　　　　　　　　が直角になるから　　　　　　　　　　交わっているので，正方形になるから

　このテスト問題では，○か×かの判断と理由の記述から「知識・技能」を評価する。①～③のすべてを正答し，【解答例】のような記述があると「おおむね満足できる」状況（B）と判断できる。さらに，解答に次のような具体的な記述が示されていれば，「十分満足できる」状況（A）と判断することができる。

・②で，「平行四辺形は２組の対角がそれぞれ等しい」ことにふれて，長方形の定義をもとに説明している。　など

・③で，「ひし形は２組の対角がそれぞれ等しい」ことにふれて，正方形の定義をもとに説明している。　など

　なお，本テスト問題では条件を付け加えた後の図形も示しているが，「▱ＡＢＣＤで，∠Ｄ＝90°という条件を付け加えると，どんな四角形になるか答えなさい。また，その理由も説明しなさい。」のように問うことも考えられる。また，「平行四辺形にどのような条件を付け加えるとひし形になるか。」のようにアレンジして問うことも可能である。

5 学習評価アイデア

　「知識・技能」の評価では，重要な用語を単に暗記できているかではなく，用語の意味や概念を理解しているかを見取ることが大切である。

　例えば，『略案』（pp.71-72，授業例１）では，二等辺三角形の性質の証明を通して定義と定理について学習している。定義や定理を書かせて評価することもできるが，右のように選択肢を工夫することで理解の状況を見取るテスト問題を出題することも可能となる。

> 次のア～エから，「○○の定義」を表しているものをすべて選び，記号で答えなさい。
>
> ア　３つの角が等しい三角形を正三角形という
>
> イ　２つの三角形は，３組の辺がそれぞれ等しいとき合同である
>
> ウ　長方形は，４つの角がすべて等しい四角形のことである
>
> エ　二等辺三角形の頂角の二等分線は底辺を垂直に二等分する

2 「思考・判断・表現」のテスト問題例

1 評価規準

・条件の一部を変更した問題を，過程を振り返って解決することができる。

2 テスト問題

太郎さんは，図１のように，線分ＡＢ上に正方形ＡＣＤＥと正方形ＣＢＦＧをかくとき，ＡＧ＝ＤＢが成り立つと考え，次のように証明しました。

> △ＡＣＧと△ＤＣＢで，
> 四角形ＡＣＤＥと四角形ＣＢＦＧは正方形だから，
> 　　ＡＣ＝ＤＣ…①
> 　　ＣＧ＝ＣＢ…②
> 　　∠ＡＣＧ＝∠ＤＣＢ＝90°…③
> よって，２組の辺とその間の角がそれぞれ等しいから，
> 　　△ＡＣＧ≡△ＤＣＢ
> したがって，ＡＧ＝ＤＢ

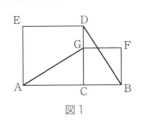

図１

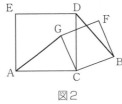

図２

花子さんは，図２のように正方形ＣＢＦＧを，点Ｃを中心として回転させても，ＡＧ＝ＤＢが成り立つと予想しました。太郎さんの証明で，①〜③のどこをどのように変えると証明することができるか説明しなさい。

3 問題作成のねらい ［『略案』第２学年 pp.81-82，授業例８］

　このテスト問題では，すでに証明された図形の性質を振り返り，条件の一部を変更しても成り立つことを証明する場面を取り上げている。条件の一部変更に伴って，元の証明をどのように変えれば証明できるのかなど，論理的に考えたことを証明として表現することができるかを評価する。

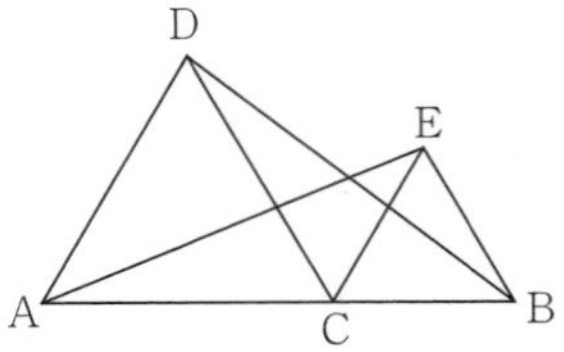

　『略案』では，図３のように２つの正三角形を並べたときに，ＡＥ＝ＤＢが成り立つことの証明をした後，正三角形を正方形に変えたり，一方の正三角形を回転させたりしてもＡＥ＝ＤＢが成り立つかどうかを考える授業を展開している。「正三角形のとき

図３

の証明とどこが変わるだろうか」「証明を比べて気付くことは何だろうか」と証明を振り返る活動を取り入れ，論理的に考察し表現する力を高めるよう授業を行っている。本テスト問題は，『略案』で扱った正三角形を正方形に変えて回転させるように変更した。

4 評価の視点および解答例

【「おおむね満足できる」状況（B）】

・証明のどこを変えるとよいか捉えて，どのように変えるか説明できる。

【解答例】

・変える箇所　③

・（説明）　∠ＡＣＧ＝∠ＤＣＢを示すには，太郎さんの証明のときとは違い，仮定を根拠にできない。∠ＡＣＧ＝∠ＡＣＤ－∠ＧＣＤ，∠ＤＣＢ＝∠ＧＣＢ－∠ＧＣＤと表し，仮定から∠ＡＣＤ＝∠ＧＣＢなので，∠ＡＣＧ＝∠ＤＣＢを導く。

このテスト問題では，変える箇所を正しく捉えているかどうかと，どのように変えるとよいかの説明の記述から「思考・判断・表現」を評価する。

変える箇所を③と答え，「∠ＡＣＧと∠ＤＣＢは90°ではないので，共通している∠ＧＣＤをひいて説明する。」などの記述があれば，「おおむね満足できる」状況（B）と判断できる。さらに【解答例】のような記述が示されていれば，「十分満足できる」状況（A）と判断することができる。

5 学習評価アイデア

本単元における「思考・判断・表現」の評価は，証明を記述させる以外に選択問題でも可能である。

例えば，『略案』（p.68，問題3）では，授業の終末に教科書等の練習問題を利用し，二等辺三角形になるための条件を使った証明問題を学習している。

この学習を踏まえて，右のテスト問題を提示し，二等辺三角形になることの根拠を正しく捉えることができているか評価することが可能である。

① 次の図で△ＡＢＣ≡△ＤＣＢを証明しなさい。

② △ＥＢＣが二等辺三角形であることの根拠として正しいものを，ア～エから1つ選びなさい。

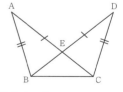

ア　二等辺三角形の底角は等しいので，
　∠ＥＢＣ＝∠ＥＣＢとなるから

イ　①より△ＡＢＣ≡△ＤＣＢとなるので，
　∠ＥＢＣ＝∠ＥＣＢとなるから

（ウ，エは省略）

3 「思考・判断・表現／主体的に学習に取り組む態度」のテスト問題例

1 評価規準

・直角三角形の合同条件を利用して図形の性質を証明することができる。

【思考・判断・表現】

・三角形の合同条件と直角三角形の合同条件のそれぞれのよさを振り返り，問題に応じて使い分けようとしている。　　　　　　　　　　　　　　　　【主体的に学習に取り組む態度】

2 テスト問題

太郎さんと花子さんは，次の問題の解き方について考えています。

問題

　右の図で，点Mは辺ＢＣの中点で，ＢＤ⊥ＡＤ，ＣＥ⊥ＡＤである。このとき，ＢＤ＝ＣＥであることを証明しなさい。

花子：△ＢＤＭと△ＣＥＭの合同を示せばいいね。合同条件は，１組の辺と…。

太郎：それよりも，直角三角形の合同条件を使った方がいいと思うよ。

① 太郎さんが「直角三角形の合同条件を使った方がよい」と考えた理由を，三角形の合同条件と比較しながら説明しなさい。

② ＢＤ＝ＣＥであることを，直角三角形の合同条件を利用して証明しなさい。

---

3 問題作成のねらい [『略案』第2学年 p.77，授業例5]

　このテスト問題では，①で直角三角形の合同条件のよさを理解し，問題に応じて三角形の合同条件と使い分けることができるかどうかを評価する。

　『略案』では，右のような問題を通して，直角三角形の合同条件を導いた後，三角形の合同条件と比較し，直角三角形の合同条件を使うと証明を簡潔・明瞭に記述できることを学習している。

　直角三角形の合同条件のうち「斜辺と１つの鋭角がそれぞれ等しい」を利用する場面では，直角と鋭角の２つの角から残りの角の大きさを導くことができるため，「１組の

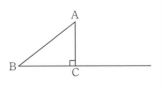

直角三角形ＡＢＣの辺ＢＣの延長線上に点Ｂ'をとり，△ＡＢ'Ｃをつくる。
△ＡＢＣ≡△ＡＢ'Ｃとなるためには，どこに点Ｂ'をとるとよいだろうか。

辺とその両端の角がそれぞれ等しい」を利用して証明することも可能である。しかし，実際の授業では，直角三角形の合同条件の方が「調べる角や辺が少なくてすむ」「証明が簡単になる」ことに気付き，直角三角形の合同条件のよさを確認している。

それらを踏まえて，テスト問題では，直角三角形の合同条件を利用する方が証明しやすいことに気付き，そう考える理由を三角形の合同条件と比較しながら記述できることが期待される。

4 評価の視点および解答例

本テスト問題における評価については，①で「思考・判断・表現」と「主体的に学習に取り組む態度」の両方を，②で「思考・判断・表現」を見取るようにする。

例えば，①の解答例❶は，直角三角形の合同条件を使うことで証明が簡単になることや，問題の図に直角があることから直角三角形の合同条件を使うことができると判断しているものの，三角形の合同条件との比較や直角三角形の合同条件を使うよさについて十分に記述されているとはいえない。そのため，「主体的に学習に取り組む態度」の評価は「おおむね満足できる」状況（B）と判断できる。

> ・直角三角形の合同条件を使うと証明が簡単だから
> ・はじめから90°とわかっているから

①の解答例❶

> ・直角三角形の合同条件の方が三角形の合同条件に比べて，等しい辺や角を見つける数が少なくてすむので，証明が簡潔にまとまるから
> ・三角形の合同条件を使おうとすると，∠DBM＝∠ECMを示すために，角度どうしの引き算が必要になるので大変だから

①の解答例❷

一方，①の解答例❷のように，三角形の合同条件との比較や直角三角形の合同条件のよさが具体的に示されていれば，「十分満足できる」状況（A）と判断することができる。

5 学習評価アイデア

本単元で「主体的に学習に取り組む態度」を評価するためには，証明を振り返って推論の過程をよりよく表現しようと工夫・改善する姿を見取ることが重要である。

例えば，『略案』（p.70，問題12）の授業では，

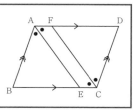

> 右の図で，四角形AECFが平行四辺形であることを証明しなさい。

四角形AFCEが平行四辺形になることをいろいろな方法で証明し，証明の過程を比較する授業を行っている。それを踏まえて，右上のようなテスト問題を提示し，簡潔・明瞭に証明を記述できているか，また，その際の工夫などを記述させることで「主体的に学習に取り組む態度」を評価することもできる。

1 「知識・技能」のテスト問題例

1 評価規準

・ひげ，箱の位置や大きさ，第2四分位数（中央値），四分位範囲に着目して，箱ひげ図の意味を読み取ることができる。

2 テスト問題

右の図は，ある中学校で行った数学のテストについて，A組からD組の4つの各学級36人の得点を箱ひげ図に表したものです。このとき，次の問いに答えなさい。

① 次のア～エに該当する学級をそれぞれ1つ選びなさい。

ア 40点未満の生徒がいない

イ 60点以上80点未満に半数以上の生徒がいる

ウ 70点以下が半数以上いる

エ 範囲が最も大きい

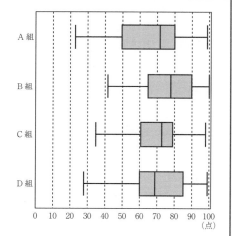

② 四分位範囲が最も大きい学級を選びなさい。また，その学級はどのような傾向があると読み取ることができるかを答えなさい。

3 問題作成のねらい ［『略案』第2学年 pp.86-87, 授業例1］

『略案』では，北海道の5つの都市（2019年7月）の最高気温の生データをもとに，ヒストグラムや度数折れ線をつくり比較する活動を通して，右のような箱ひげ図の必要性やよさを実感させている。また，箱ひげ図については「ひげ」「箱」「中央値」に着目して考察している。特に，マグネットをドットプロットとみなして箱ひげ図と重ねて表示することで，箱の大きさは第2四分位

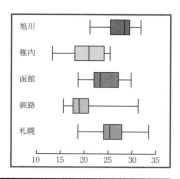

数（中央値）を基準にして，データの散らばり具合を表現していることを視覚的に理解する学習活動を行っている。

　このテスト問題①では，授業で考察した箱ひげ図の意味を理解して読み取ることができているかどうかを評価する。②では，四分位範囲の意味について，授業で考察した箱ひげ図とドットプロットとの関係から，データの散らばり具合に着目した考えを具体的に記述することが期待される。

4　評価の視点および解答例

【「おおむね満足できる」状況（B）】

・①で該当する箱ひげ図を選択することができている。②で四分位範囲が大きい場合の意味を記述している。

【解答例】

①　ア　B組　　イ　C組　　ウ　D組　　エ　A組

②　A組…「箱に含まれる約50％のデータの散らばりが大きい」　など

　テスト問題①では，ひげや箱に着目して箱ひげ図を読み取り，該当する学級を選択することができているか，②ではデータの散らばり具合に関わる記述などから「知識・技能」を評価する。なお，①を３つ以上正答とした上で，②を【解答例】のように答えることで，「おおむね満足できる」状況（B）にあると判断できる。

　さらに，①を全問正答とした上で，次のように四分位範囲を求め，他の学級と比較している記述等が示されていれば，「十分満足できる」状況（A）と判断することができる。

・②で，「A組の四分位範囲は30なので，50〜80点の30点の範囲に約50％の生徒がいることになる。一方でC組の四分位範囲は約20なので，60〜80点の20点の範囲に約50％の生徒がいることになる。よってA組はC組より散らばりが大きいことがわかる」　など

5　学習評価アイデア

　本単元の「知識・技能」の評価では，四分位範囲を求めることや箱ひげ図をかくという技能だけに留まらないようにしたい。『略案』（pp.86-92，授業例１〜４）では，単元を通して複数のデータを示し，分布の傾向を比較して考察することを繰り返している。このように，複数のデータを読み取る活動を通して知識及び技能を活用する力を育成していきたい。ただ，日常生活において箱ひげ図に出会う場面は少ない。そこで，定期試験や体力テストの結果等を各クラス男女別の箱ひげ図で提示するなど，箱ひげ図にふれる機会を増やすことが大切である。また，「箱ひげ図のどこに着目したのか」「学習した用語を用いること」という２つの視点から，箱ひげ図から読み取った事実を振り返りシートに記述させて，「知識・技能」の評価に加点することも考えられる。

2 「思考・判断・表現」のテスト問題例

1 評価規準

・四分位範囲や箱ひげ図を用いて複数のデータの分布の傾向を読み取り，批判的に考察することができる。

2 テスト問題

右の箱ひげ図は，2017年から2021年までの旭川市の7月の最高気温を表したものです。この箱ひげ図を見て，中学生のAさんとBさんは次のように話しています。

> Aさん：2021年は今までに経験したことのない暑さだったなぁ。
> Bさん：それは納得！

Bさんが箱ひげ図を見て納得した理由を「なぜなら～」に続けて説明しなさい。

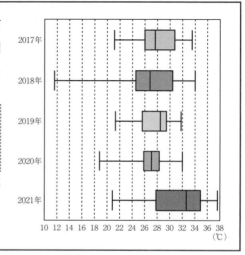

3 問題作成のねらい ［『略案』第2学年 p.92，授業例4］

『略案』では，旭川市が近年猛暑であることや温暖化の話題にふれながら「旭川市の夏は暑くなっているのか」という解決すべき問題を設定した。生徒から過去データの必要性が出された場面で，右の箱ひげ図を提示した。また「これだけでは判断できない」と他のデータの必要性が指摘され，様々なデータをもとに批判的に考察する学習活動を行っている。

このテスト問題では，授業と関連する気温の題材を示し，Bさんの立場として2021年の気温の特徴を5つの箱ひげ図から読み取り，その根拠を表現できているかを評価する。

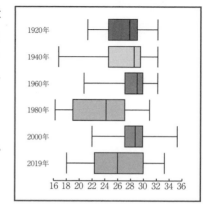

4 評価の視点および解答例

【「おおむね満足できる」状況（B）】

・2021年の気温の様子を箱ひげ図から読み取り，具体的に記述することができている。

【解答例】

・全体的に右よりで，最高気温が38℃近くであることがわかるから

（全体的な傾向，最大値に着目した記述）

・箱の位置が右よりで，第1四分位数を見ると他の年の中央値とほぼ同じだから

（箱の位置，第1四分位数に着目した記述）

・ここ5年間を比べると30℃を超える日が約60〜70％くらいになりそう，しかも32℃以上の日が15日以上あることがわかるから

（30℃という気温，第2四分位数（中央値）に着目した記述）　など

このテスト問題では，箱ひげ図から2021年の気温の傾向を読み取り，その記述から「思考・判断・表現」を評価する。箱ひげ図が示す5数要約のいずれかに着目して説明することで，「おおむね満足できる」状況（B）であると判断できる。

さらに，複数の視点から記述しているものや，Aさんとの会話の文脈から「今までに経験したことのない暑さ」について，解答に次のような記述が具体的に示されていれば，「十分満足できる」状況（A）と判断することができる。

・2017年から2020年の4年間は第2四分位数（中央値）が20℃台で，30℃を超える日が10日前後と考えられる。でも2021年は第2四分位数が32℃を超えていて，最高気温も38℃近くである。これは今まで経験したことのない暑さと考えられる。　など

5 学習評価アイデア

本単元における「思考・判断・表現」の評価は，ノートやレポートなども総合して評価することを基本としたい。

『略案』（pp.88-89，授業例2）では，4人のゴルフ選手のデータを箱ひげ図に表して比較する学習活動を行っている。授業の終盤には優勝する選手を個々で意思決定し，その理由をノートに記述している。ここでは箱ひげ図から読み取れることだけではなく，ゴルフの特性や選手の体調などを記述している生徒を記録に残すとともに，その考えを授業で紹介することも大切である。このように，授業で様々な考えにふれる機会を増やし，批判的に考察する力を伸ばしていきたい。

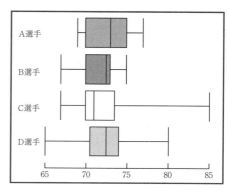

「思考・判断・表現／主体的に学習に取り組む態度」のテスト問題例

1　評価規準

・複数の箱ひげ図から分布の傾向を読み取り，批判的に考察し判断することができる。

【思考・判断・表現】

・問題解決の過程を振り返って，目的に応じて必要なデータを収集する方法や整理する方法を改善し，よりよく問題解決しようとしている。　　　　【主体的に学習に取り組む態度】

2　テスト問題

　　右の箱ひげ図は，2018年から2022年までの旭川市の1，2月の平均気温を表したものです。

　　2021年の夏は猛暑でしたが，冬（2022年1，2月）も暖かいといえるかどうかについて，あなたの考えを説明しなさい。

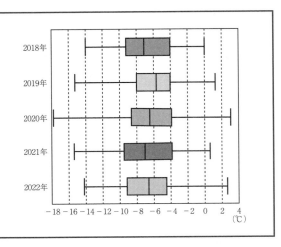

3　問題作成のねらい　[『略案』第2学年 p.92，授業例4]

　『略案』では，「旭川市の夏は暑くなっているのか」という問題を解決するために，右に示す10年ごとの最高気温の他，「8月のデータ」「平均気温のデータ」など様々なデータの必要性が生徒から出された。そこで，気象庁のホームページからデータをダウンロードする方法やコンピュータで箱ひげ図を作成する方法について学習し，ICT端末を活用してレポート作成に取り組んでいる。

　このテスト問題では，授業例4のレポート作成を経験させた上で出題することを前提とし，複数の箱ひげ

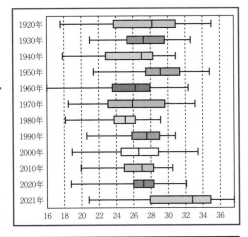

図からデータの分布の傾向を比較して読み取り，その考えを具体的に記述することが期待される。

4 評価の視点および解答例

　このテスト問題における「思考・判断・表現」の評価については，5年間の平均気温の箱ひげ図を読み取ったことを具体的に記述できているかどうかを見取るようにする。「主体的に学習に取り組む態度」の評価については，よりよく問題を解決するために必要なデータに着目して考えようとしているかなどを見取るようにする。

　例えば，「思考・判断・表現」の評価は，解答例❶，❷のように，箱ひげ図のどこに着目したのかという視点や，問題に対する結論を具体的に記述できていることで「十分満足できる」状況（A）と判断する。

　「主体的に学習に取り組む態度」の評価は，解答例❷の下線部のように，授業やレポート作成を振り返って，与えられたデータだけでなく，問題の解決のために必要なデータやそれを用いて解決する方法について記述されている場合，よりよく問題を解決しようとしている姿勢を見取ることができることから（A）と判断することができる。このような記述をしている生徒を記録に残し，単元全体の「主体的に取り組む態度」の評価に加点するとよい。

> 　5年間の箱ひげ図の箱の部分に着目すると，ほぼ同じ傾向であると考えます。夏は猛暑でしたが，冬は平年並みの気温であると考えます。

解答例❶

> 　第2四分位数（中央値）に着目すると2019年の方が高く暖かいのではないかと考えます。また，平均気温だけでなく，最低気温や最高気温なども併せて調べると違った結論になる可能性があると考えます。

解答例❷

5 学習評価アイデア

　単元を通してPPDACサイクルを回し，「どんなデータが必要か」「複数のデータの傾向をどう読み取るか」「どんな結論が得られるか」等を明確にする場面を位置付けた授業を継続し，生徒の主体的に学ぶ力を伸ばしてから評価することが大切である。特に記録に残す評価としては，振り返りシートに問題の解決を通して身に付けた見方・考え方を記述させることやレポートの感想を見取ることを基本としたい。

　例えば『略案』（p.92，授業例4）を通して作成したレポートの最後には，右のようなテーマでよりよく問題を解決するために必要な見方・考え方を記述させている。

> 　問題を解決するために，どのようなデータを収集したり，パソコンを用いて整理したりすることが重要であると感じましたか？

1 「知識・技能」のテスト問題例

1 評価規準

・多数回の試行によって得られる確率と関連付けて，場合の数をもとにして得られる確率の意味を理解している。

2 テスト問題

① 表と裏が出ることが同様に確からしいコインがあります。このコインを１枚投げるとき，下のア〜エまでの中から正しいものをすべて選びなさい。
　ア　表と裏の出方は，どちらが出ることも同じ程度に期待される
　イ　２回投げるとき，表と裏が必ず１回ずつ出る
　ウ　20回投げるとき，そのうち表は必ず10回出る
　エ　2000回投げるとき，表はおよそ1000回出る
② 足つきボタンを１つ投げるとき，表が出ることと裏が出ることは同様に確からしいといえますか。また，そのように考えた理由を説明しなさい。

表　　　　裏

3 問題作成のねらい ［『略案』第２学年 p.96，授業例１］

『略案』では，サッカー審判員の立場として，３つからキックオフを決める際に，右の問題に示すどれを用いるのが公平であるかを考察している。また，コインは表と裏が出ることが同様に確からしいことの意味について，その形状の考察だけでなく，

ボタン，10円玉，靴がある。サッカーのキックオフはどれで決めるとよいだろうか。

多数回の試行によって得られたデータの相対度数やグラフと関連付けながら学習している。

　テスト問題①では，表と裏が出ることが同様に確からしいコインを投げるとき，表と裏が出る確率はそれぞれ$\frac{1}{2}$であることの意味について，知識の概念的な理解を見取る。②では，同様

に確からしいことの意味について，授業で扱った足つきボタンを題材として扱い，話し合いを通して出された「形状が違うから」「確率も違うから」といった考えを具体的に記述することが期待される。

4 評価の視点および解答例

【「おおむね満足できる」状況（B）】

・①で４つの選択肢から正答を選ぶことができている。②で同様に確からしいことの意味について具体的に記述している。

【解答例】

① ア，エ

② 同様に確からしいとはいえない。なぜなら，足つきボタンは足の逆側に重心があり，裏の方が出やすいと考えられるため　など

①では４つの選択肢の文中にある「必ず」，「およそ」という表現から，コインの表と裏が出る確率が$\frac{1}{2}$であることの意味を読み取ることができるか，②では足つきボタンの形状をもとにして，同様に確からしいことについての記述などから「知識・技能」を評価する。①でアとエの両方を選択し，②で【解答例】のように記述することで，「おおむね満足できる」状況（B）であると判断できる。

さらに，形状をもとにした記述に加えて，解答に授業で行った実験の結果などを示し，多数回の試行によって得られる確率と関連付けた記述や，生徒の解答例のように図を用いてより具体的な記述が示されていれば，「十分満足できる」状況（A）と判断することができる。

・②で，「授業の実験では，表になる確率がおよそ0.4，裏になる確率がおよそ0.6だったので，確率も同じにならないから」　など

生徒の解答例

5 学習評価アイデア

本単元の前半で同様に確からしいを定義した後は，場合の数をもとにして得られる確率の学習が中心となる。そのため「知識・技能」の評価では，場合の数や簡単な場合の確率を求めるという技能だけに留まらないようにしたい。

例えば，『略案』（p.97，授業例２）では，１～６の目が出ることが同様に確からしいさいころを題材に，多数回の試行によって得られる確率と場合の数をもとにして得られる確率とを関連付けている。「図のようなさいころは，同様に確からしいといえるか」というテスト問題の出題も考えられる。

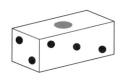

2 「思考・判断・表現」のテスト問題例

1 評価規準

・同様に確からしいことに着目し，場合の数をもとにして得られる確率の求め方を考察し表現することができる。

2 テスト問題

> 2枚の10円玉を同時に投げるとき，表と裏が出ることの確率をAさんは次のように考えました。しかし，Aさんの考えは正しくはありません。その理由を説明し，正しい確率を求めなさい。
>
> > Aさんの考え
> > 2枚の10円玉を投げたときの出方は，
> > (表, 表)，(表, 裏)，(裏, 裏) の3通りです。
> > よって，表と裏が出る確率は$\frac{1}{3}$となります。

3 問題作成のねらい ［『略案』第2学年 p.98, 授業例3］

『略案』では，10円玉1枚を投げるとき，表と裏が出ることが同様に確からしいことを確認した上で，10円玉2枚を投げるという文脈で右の問題を提示している。5分程度の試行を行い，表と裏が起こる割合が多いことの理由について，樹形図などを用いて場合の数を考察する学習活動を行っている。

> 10円玉2枚を投げるとき，起こりやすいのはどの組み合わせだろうか。
> ア）表 表
> イ）表 裏
> ウ）裏 裏
> 表 裏

このテスト問題では，ダランベールの誤りと同様なAさんの考えを示し，間違っている理由を問うている。Aさんの考えの問題点について，場合の数をもとにして得られる確率を根拠に表現できているかどうかを評価する。

4 評価の視点および解答例

【「おおむね満足できる」状況（B）】

・樹形図や表などを用いて，起こり得る場合の数は４通りあることを示し，正しい確率を求める過程を説明することができている。

【解答例】
・２枚の10円玉を投げるとき，樹形図は　表 ─ 表　　裏 ─ 表　となる。
　　　　　　　　　　　　　　　　　　　　　 ＼裏　　　　　＼裏

・表と裏が出る組み合わせは２通りあるので，確率は$\frac{2}{4}=\frac{1}{2}$となる。　など

　このテスト問題では，樹形図などを用いて場合の数を求め，表と裏が出る確率を求める過程を説明することで，「おおむね満足できる」状況（Ｂ）であると判断できる。

　さらに，（表，裏）だけでなく，（表，表）や（裏，裏）の確率を求める記述があるものや，解答に次のような記述が具体的に示されていれば，「十分満足できる」状況（Ａ）と判断することができる。

・Ａさんは，（表，表），（表，裏），（裏，裏）が出ることが同じ確率になると考えているが，そこが問題点です。なぜなら，（表，裏）の出方は１枚目が表で２枚目が裏の場合と，１枚目が裏で２枚目が表の場合の２通りあるからです。このことから起こり得る場合の数は４通りになるので，（表，裏）が出る確率は$\frac{2}{4}=\frac{1}{2}$になります。また，（表，表）や（裏，裏）が出る確率は$\frac{1}{4}$となります。　など

　なお，本テスト問題では，10円玉の枚数を２枚から３枚に増やすという文脈で場合の数を求める問いを設定することで，発展的に考える様相を見取ることも可能であると考える。

5　学習評価アイデア

　本単元における「思考・判断・表現」は，ノートやレポートなども総合して評価することを基本としたい。

　『略案』（p.100，授業例４）では，白玉２個と黒玉１個を袋から取り出すとき，白玉を区別する必要性について考察する学習活動を行っている。そこで，テスト問題では，右のＢさんの考えのように授業でよく見られる誤答を取り上げ，その問題点に対する記述内容を見取り，場合の数をもとにして得られる確率の求め方を考察し表現できているかどうかを評価することができる。

　　赤玉が１個，白玉が２個入っている袋から１個の玉を取り出し，それを戻さずにもう１個の玉を取り出すとき，赤玉と白玉が１回ずつ出る確率を求めなさい。

　この問題に対して，Ｂさんは次のように考えたが正しくはありません。

> Ｂさんの考え
>
>
> 赤 ─ 白　　白 ─ 赤
> 　 ＼白　　　 ＼白　　よって$\frac{3}{4}$

　Ｂさんの間違いを指摘し，正しい確率を求めなさい。

3 「思考・判断・表現／主体的に学習に取り組む態度」のテスト問題例

1 評価規準

・不確定な事象の問題を解決するために，起こり得るすべての場合を求めたり確率を求めたりする方法を考察し表現することができる。　　　　　　　　　　　【思考・判断・表現】

・確率を使った問題解決の過程を振り返って改善し，不確定な事象の確率を粘り強く求めようとしている。　　　　　　　　　　　　　　　　　【主体的に学習に取り組む態度】

2 テスト問題

> AさんとBさんの2人はくじ引きをしています。Aさんが先に1本引き，それをもとに戻さずに，後からBさんが1本引きます。このとき，次の問いに答えなさい。
>
> ①　2人は，4本のうち2本の当たりくじが入っているくじを引きます。このとき，AさんとBさんが当たりを引く確率が同じになることを，樹形図を用いて説明しなさい。
>
> ②　2人は，8本のうち2本の当たりくじが入っているくじを引きます。このとき，AさんとBさんが当たりを引く確率が同じになることを説明しなさい。

3 問題作成のねらい［『略案』第2学年 p.101，授業例5］

『略案』では，右のような問題を出題し，5本のくじの2本の当たりと3本のはずれを区別して樹形図をつくり，くじは引く順番に左右されることなく公平であることを理解する学習活動を行ってい

> 5本のうち2本の当たりが入っているくじがある。A君が先に1本引き，それをもとに戻さずに，後からBさんが1本引く。このとき，A君，Bさんのどちらが当たりやすいだろうか。

る。また，授業の終盤には，くじ引きの本数，当たりの数，引く人数の条件を変更しても，引く順番によらず公平であるかという考察を行っている。

テスト問題①では，授業で扱った本数より1本減らして「4本のうち2本が当たりくじ」とし，樹形図を用いて2人が当たりを引く確率がどちらも同じであることを記述できることが期待される。②では，逆に授業で扱った本数より多く設定して「8本のうち2本が当たりくじ」とし，①の記述内容を活用した具体的な記述が期待される。

4 評価の視点および解答例

このテスト問題における「思考・判断・表現」の評価については，当たりくじの本数とはずれくじの本数をそれぞれ区別し，樹形図を用いて具体的に記述できているかどうかを見取るようにする。「主体的に学習に取り組む態度」の評価については，②の問題を対象として，①の問題に対する記述内容を振り返り，説明の方法が改善されたり，粘り強く確率を求めようとしたりしているかどうかなどを見取るようにする。

「思考・判断・表現」の評価は，樹形図を用いて2人の当たりを引く確率が同じであることを①，②の両方で具体的に記述できているかを総合して判断する。

右の生徒の解答例の「主体的に学習に取り組む態度」の評価は，必要最小限の樹形図をもとに確率を効率的に求める過程が記述されている場合，①を振り返って改善し，新たな問題の解決に生かそうとする姿勢を見取ることができることから「十分満足できる」状況（A）と判断することができる。また，すべての樹形図をかき出して確率を求める記述も見られる。この場合，確率の問題を粘り強く求めようとしていると見取ることができるため，同様の記述をしている生徒を記録に残し，単元全体の「主体的に学習に取り組む態度」の評価に加点するとよい。

Aさんの当たりを引く確率は $\dfrac{2}{8}=\dfrac{1}{4}$

Bさんの当たりを引く確率は樹形図をかくと

あ1 ── あ2○
     ── は1
     ── は2
     ── は3
     ── は4
     ── は5
     ── は6

は1 ── あ1○
     ── あ2○
     ── は2
     ── は3
     ── は4
     ── は5
     ── は6

あ2の場合も同じ
当たり1通り×2

は2〜は6の場合も同じ
当たり2通り×6

$$\dfrac{1\times2+2\times6}{7\times8}=\dfrac{14}{56}=\dfrac{1}{4}$$

よって同じになる。

生徒の解答例

5 学習評価アイデア

本単元で「主体的に学習に取り組む態度」を評価するためには，単元を通して条件を変更して発展的に考える場面を数多く設定し，問題を解決する過程を振り返り，新たな問題や課題に対する解決方法を改善する経験を積み重ねたり，実際にレポート課題として取り組ませたりすることが重要である。

『略案』（p.102，授業例6）では，スクラッチくじを2枚けずったときに出る景品の組み合わせや確率について，樹形図や二次元の表を用いて求める学習活動を行っている。この授業の最後に，右のように発問し，問題を解決する過程で身に付けた見方・考え方を記述させて，「主体的に学習に取り組む態度」の記録に残す評価とすることもできる。

樹形図と表では，どちらを使って確率を求めた方がよいですか。その理由も含めて書きましょう。

1 「多項式」のテスト&評価

1 「知識・技能」のテスト問題例

1 評価規準

・因数分解の意味を理解し，公式を利用して式を因数分解することができる。

2 テスト問題

> Aさんは$4x^2-100$を右のように因数分解しましたが，Aさんの考えは正しくありません。
>
> Aさんの考えが正しくない理由を説明し，$4x^2-100$を因数分解しなさい。
>
> > Aさんの考え
> >
> > $4x^2-100$
> > $=(2x)^2-10^2$
> > $=(2x-10)(2x+10)$

3 問題作成のねらい ［『略案』第3学年 p.23，授業例5］

このテスト問題では，因数分解の意味を理解しているか，式を因数分解することができるかを評価する。

『略案』では，右のような問題を提示し，○と□に当てはまる様々な数や

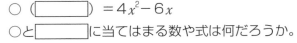

式の組み合わせから，因数分解や共通な因数の意味を理解している。また，この授業後の学習では，既習内容をもとにして因数分解の公式は展開の公式の逆であることを理解し，公式を使って因数分解している。

本テスト問題は，生徒の間違いからヒントを得て作成したものである。［Aさんの考え］のように多項式を見て，因数分解のどの公式に当てはめればよいのかを判断し素早く因数分解する生徒もいる。しかし，因数分解の公式を形式的に使用してしまうあまり，因数分解の意味を深く考えずに式の変形をしてしまうことがある。そこで，公式を使って因数分解をすることができるかを評価するだけではなく，因数分解の意味を理解しているかどうかも見取ることを目的としてこの問題を作成した。

4 評価の視点および解答例

【「おおむね満足できる」状況（B）】
・共通因数をくくり出すことを理解し，公式を利用して式を正しく因数分解することができる。

【解答例】
（理由）Aさんの式は，まだ因数分解をすることができるから

$4x^2 - 100$

$= 4(x^2 - 25)$

$= 4(x-5)(x+5)$ 　　または

$4x^2 - 100$

$= (2x)^2 - 10^2$

$= (2x - 10)(2x + 10)$

$= 2(x-5) \times 2(x+5)$

$= 4(x-5)(x+5)$ 　　　　など

このテスト問題では，Aさんの考えが正しくないことの理由の記述や正しく因数分解した式から「知識・技能」を評価する。なお，【解答例】のようにAさんの考えが正しくない理由と正しく因数分解した式を答えることで，「おおむね満足できる」状況（B）にあると判断できる。さらに，Aさんの考えが正しくないことの理由に次のような記述が具体的に示されていれば，「十分満足できる」状況（A）と判断することができる。

・かっこの中にまだ共通な因数が残っていることにふれている。
・因数分解をするときは，共通な因数を残らずくくり出すことを説明している。　　など
なお，本テスト問題では，Aさんの考え（誤答）を明示する形で評価を行っている。

他には，「$4x^2 - 100$を過程を書きながら因数分解しなさい。」と出題し，因数分解する過程の記述を通して，理解の状況を見取ることも可能である。

5　学習評価アイデア

本単元で「知識・技能」を評価するためには，単項式と多項式の乗法及び除法の計算が適切にできるか，また，展開や因数分解の公式を使って式を適切に変形できるか，さらに，目的に応じて式を変形したり式の意味を読み取ったりすることができるかを見取る必要がある。しかし，形式的な式の変形ができるかどうかだけではなく，その意味を考えることができているかを評価するようなテスト問題を作成したい。

例えば，『略案』（p.15，問題11）では，公式 $x^2 + (a+b)x + ab = (x+a)(x+b)$ を利用した因数分解を扱っている。ここでは，右のようなテスト問題を通して，公式の仕組みの理解や技能の習熟を見取ることができる。

> a，b を自然数とし，$x^2 + \square x + 24$ を $x^2 + \square x + 24 = (x+a)(x+b)$ の形に因数分解するとき，$\square$ に当てはまる自然数をすべて答えなさい。

なお，この問題では，a，b を整数として出題することで，生徒の習熟を評価することも可能である。

2 「思考・判断・表現」のテスト問題例

1 評価規準

・展開や因数分解を利用して数量の関係を捉え，説明することができる。

2 テスト問題

次のアとイでは，どちらの計算結果が大きいですか。式の展開を利用して説明しなさい。

ア　2018×2022

イ　2017×2023

3 問題作成のねらい ［『略案』第３学年 p.24，授業例６］

　このテスト問題では，本単元で学んだ多項式の展開や展開の公式を利用して，やや複雑な式を能率よく計算することができるか，また，２つの式の計算結果について，多項式の展開を利用して説明することができるかどうかを評価する。

　『略案』では，右のように斜線部分の面積を比較する問題を提示し，既習の因数分解の公式を利用して問題を解決する授業例を紹介している。「公式を使って計算することのよさは何だろうか？」との発問から，公式が幅広く活用できることや公式を使うことのよさを確認した。また，本単元を通して長方形の

次の図の４つの四角形は，すべて正方形である。①と②の斜線部分の面積は，どちらが大きいだろうか。

①

28cm　22cm

②

29cm　23cm

面積図を使用して展開や因数分解の仕方を考えたり，展開や因数分解の公式の意味を説明したりすることを大切にしている。

　これらを踏まえて，本テスト問題では，ア，イのどちらの計算結果が大きくなるかを，式の展開や展開の公式などを利用して説明することが期待される。

4 評価の視点および解答例

【「おおむね満足できる」状況（B）】

・展開の公式を利用して，２つの式の計算結果について説明することができる。

【解答例】

ア　2018×2022

　　$= (2020 - 2)(2020 + 2)$

　　$= 2020^2 - 2^2$　　　　…※①

　　$= 4080400 - 4$

　　$= 4080396$

イ　2017×2023

　　$= (2020 - 3)(2020 + 3)$

　　$= 2020^2 - 3^2$　　　　…※②

　　$= 4080400 - 9$

　　$= 4080391$

よって，アの方が大きい

　このテスト問題では，式の計算過程と大小についての説明の記述から「思考・判断・表現」を評価する。【解答例】のように，式の展開を利用して説明していることで，「おおむね満足できる」状況（Ｂ）にあると判断できる。

　さらに，ア，イの計算結果の大小についての説明に次のような記述が具体的に示されていれば，「十分満足できる」状況（Ａ）と判断することができる。

・ア，イの式を$2020 = x$として考え，展開の公式を利用している。

・２乗の計算をしないで，※①と※②の２つの式からア，イの計算結果の大小関係を説明している。　など

　なお，本テスト問題では，やや複雑な式を能率よく計算する場面の設定のため，２つの式の計算結果の大小を比較させる形で出題している。場合によっては「次の式を工夫して計算しなさい。」などと出題して評価することも可能である。

5　学習評価アイデア

　本単元における「思考・判断・表現」の評価は，図形や数の性質を予想する場面でも見取ることができる。計算の結果を考察したり，証明の過程を適切に表現したりするようなテスト問題を工夫して取り入れるようにしたい。

　例えば，『略案』（p.16，問題15）では，連続する２つの整数のそれぞれの２乗の差の性質について，予想したことが正しいことを証明する授業を行っている。

　この学習を踏まえて，右のテスト問題を提示し，連続する２つの整数のそれぞれの２乗の和には，どのような性質があるのかを予想して証明したり，条件を変えるとどのような性質があるかを考えたりすることができるかどうかを見取ることもできる。

> 　連続する２つの整数のそれぞれを２乗した数の和について，次の問いに答えなさい。
>
> ①　どのような数になるか予想しなさい。
>
> ②　①で予想したことが正しいことを証明しなさい。
>
> | |
> | --- |
> | $2^2 + 1^2 = 5$ |
> | $3^2 + 2^2 = 13$ |
> | $5^2 + 4^2 = 41$ |
> | $13^2 + 12^2 = 365$ |

1 評価規準

・展開の公式を利用して，式の計算をすることができる。　　　　　　　　　　【知識・技能】
・誤答をもとに，展開の仕方の要点を整理しようとしている。【主体的に学習に取り組む態度】

2 テスト問題

Bさんは①，②の式を次のように展開しましたが，どちらにも誤りがあります。①，②の計算を正しく直し，Bさんが今後同じような誤りをしないためのアドバイス（計算するときのポイントなど）を計算の余白に記入しなさい。

Bさんの計算

① $(x+3)(y+5)$
$=x^2+(3+5)x+3\times5$
$=x^2+8x+15$

② $(5x-4)^2$
$=(5x)^2-2\times x\times4+4^2$
$=25x^2-8x+16$

3 問題作成のねらい [『略案』第3学年 p.14，問題5]

　このテスト問題では，本単元で学んだ展開の公式を利用するなどして，1次式の乗法ができるか，また，1次式の展開や展開の公式を利用する場面の計算の仕方のポイントを説明することができるかを評価する。

　『略案』では，右のように，太郎君の誤った式の展開を提示し，$(x+a)^2$，$(x-a)^2$の展開の仕方を理解し，新たな公式を見いだす授業例を紹介している。

太郎君は，次のように展開した。正しいだろうか。
$(x+3)^2=x^2+9$

　このような授業と本単元の学習を踏まえて，本テスト問題では，Bさんの誤った展開の公式の使い方を修正するためのアドバイスを具体的に記述できることが期待される。

4 評価の視点および解答例

　このテスト問題における「知識・技能」の評価については，計算過程の式の記述において，展開の公式を使うなどして計算できるかを見取るようにする。「主体的に学習に取り組む態度」の評価については，アドバイスの記入において，本単元での学びを生かして展開の仕方を説明

している記述内容から見取るようにする。

　例えば，①の解答例❶は正しく式を展開できていることから，「知識・技能」の評価は「十分満足できる」状況（Ａ）と判断できるが，正しい展開の仕方の説明に留まっていることから，「主体的に学習に取り組む態度」の評価は「おおむね満足できる」状況（Ｂ）と判断できる。さらに，次のような記述が示されていれば，（Ａ）と判断することができる。

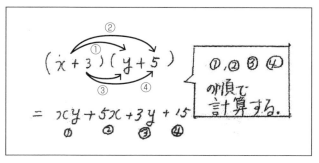

①の解答例❶（計算過程における記述）

・展開の公式は，どのような
　式に使うことができるのか
　を，これまでの学習を振り
　返って，具体例を示すなど
　して説明している。
・簡単な式と対比させながら
　公式を使った展開の仕方に
　ついて説明している。

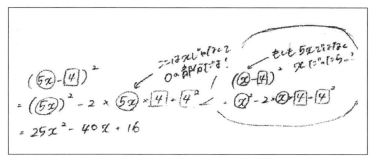

②の解答例❷（計算過程における記述）

　　　　　　　　　　　　など

　例えば，②の解答例❷は展開の公式の使い方やＢさんの計算ミスの原因について，本単元の学習を踏まえて，具体例を示して補足説明しようとしているので，（Ａ）と判断することができる。

5　学習評価アイデア

　本単元で「主体的に学習に取り組む態度」を評価するためには，生徒自身が展開の公式や因数分解の公式を使って計算することのよさを体感し，それが表出したものを見取ることが重要である。

　例えば，『略案』（pp.21-22，授業例４）では，展開の公式を利用して能率よく式の値を求める方法を学習している。

　これらの学習を踏まえて，右のような問題を提示し，これまでの学習を振り返らせ，その記述から「主体的に学習に取り組む態度」を評価することもできる。

> 　展開や因数分解の公式を学習して，新たにどのような計算ができるようになりましたか。また今後，どのような式の計算を考えたいですか。

2 「平方根」のテスト＆評価

1 「知識・技能」のテスト問題例

1 評価規準

・平方根の意味について理解し，数の平方根を求めたり，根号を用いて数を表したりすることができる。

2 テスト問題

次の①～③の下線部について，正しいときは○を，正しくないときは下線部を正しく直し，その理由を答えなさい。

①　25の平方根は5である　　②　√16は±4である　　③　0の平方根はない

3 問題作成のねらい ［『略案』第3学年 p.33，授業例3］

『略案』では，右のような問題を提示し，数の平方根についてわかったことを整理し，練習問題に取り組むことで平方根の意味理解を深めるための定着を図っている。授業では，数の平方根と根号を用いて表された数を混同して捉える生徒が多くいることから，平方根の定義に着目しながら考えることで，数の平方根を求めたり根号を使わずに数を表したりすることについて学習している。

> 次の数の中で，その数の平方根が2つあるものはどれだろうか。
> ア　16　　イ　0
> ウ　－4　　エ　5

これらを踏まえて，このテスト問題では，平方根の意味について理解し，平方根を求めたり根号を用いて正しく数を表したりすることができるかを評価する。正しくない理由を記述させることで，平方根の意味についての概念的な理解を見取ることができる。①は，正の数の平方根には正と負の2つがあることを確認する設問である。②は，根号を使って表された数を，根号を使わないで表すことができるかを確認する設問である。③は，0の平方根は0であることを確認する設問である。生徒がそれぞれの違いを意識して理由を記述することができるよう，①から③を意図的に1つの問題として取り上げている。

4　評価の視点および解答例

【「おおむね満足できる」状況（B）】

・数の平方根を求めたり，根号を用いて数を表したりするなど，平方根の意味を理解している。

【解答例】

①　±5　　　（理由）−5も5もあるから

②　4　　　　（理由）$\sqrt{16}$は正の数だから−4は当てはまらない

③　0　　　　（理由）0×0＝0だから

　このテスト問題では，正しく直した答えと間違っている理由の記述から「知識・技能」を評価する。なお，①〜③のすべてを【解答例】のように答えることで，「おおむね満足できる」状況（B）にあると判断できる。さらに，理由に次のような記述が具体的に示されていれば，「十分満足できる」状況（A）と判断することができる。

・①および③で，「○○を2乗したら△△になる」ことや「正の数の平方根は正の数と負の数の2つある」「2乗して0になるのは0だけだから」「負の数の平方根はない」ことについてふれている。

・②で，「$\sqrt{16}=(\sqrt{4})^2=4$」のように根号を使って表した数を，根号を使わずに表す過程についてふれている。　　など

　なお，本テスト問題では正誤を判断させて理解を問う形で評価を行っている。はじめから平方根を求めたり根号を使わないで表現させたり，設問数を増やして理解の状況を深く見取ったりすることも可能である。

5　学習評価アイデア

　本単元の「知識・技能」の評価規準の例として，「数の平方根の必要性と意味を理解している」「数の平方根をふくむ簡単な式の計算をすることができる」「具体的な場面で数の平方根を用いて表したり処理したりすることができる」などが考えられる。「知識・技能」を評価するためには，計算の技能の習熟だけでなく，計算の意味や方法についての理解とそれらをうまく使った数学的な処理について見取ることができるテスト問題を作成したい。

　例えば，『略案』（p.36，授業例5）では，根号をふくむ式の乗法や除法を工夫して計算することを学習している。ここでは，右のようなテスト問題を通して，目的に応じて式変形する力や計算の仕組みについての理解と技能の習熟を見取ることもできる。

> $\sqrt{54}÷\sqrt{12}$を次の①と②の方法で計算しなさい。
> ①　除法を分数の形にしてから
> ②　それぞれを$a\sqrt{b}$の形に変形してから

2 「思考・判断・表現」のテスト問題例

1 評価規準

・具体的な場面で数量やその関係について，平方根を活用して説明することができる。

2 テスト問題

半径5cmの円Aを拡大して，面積が2倍の円Bをつくりたい。円Aの半径の長さを何倍にすればよいか求め方を説明しなさい。

3 問題作成のねらい ［『略案』第3学年 p.40，授業例8］

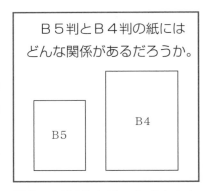

B5判とB4判の紙にはどんな関係があるだろうか。

『略案』では，右のような問題を提示している。B5判を何倍にするとB4判になるかを考える中で，実測や比例式，紙を折るなどの考えから，B5判の縦と横の長さの比が1：$\sqrt{2}$になっていることを見いだし，辺の長さが$\sqrt{2}$倍の関係になっていることを説明する授業を行っている。また，授業の後半では，他の用紙にも何か関係があるのかを投げかけ，新たに見いだした疑問をレポート課題で探究する学習活動を行っている。

　授業では，見いだした関係について説明する際に，具体物の操作や近似値を用いた考えなど，論理的に不十分な説明についても認めていることから，どの生徒も平方根の考えを用いて説明ができるようになっているかをテスト問題でも見取るようにしたい。

　このテスト問題では，平方根を具体的な図形に対して活用することで，その関係について考察し，説明することができるか評価する。円は，縦と横の比較ができないことや図をかいて面積を直接比較することが難しいことから，平方根を活用して考える必要性が際立つと考えられる。

4 評価の視点および解答例

【「おおむね満足できる」状況（B）】

・平方根を活用することで，半径が何倍になるかを説明することができている。

【解答例】

① 円Aの面積は$25\pi\,\mathrm{cm}^2$だから，円Bの面積は$50\pi\,\mathrm{cm}^2$になる。よって，円Bの半径は$\sqrt{50}$ $=5\sqrt{2}$ となるので，円Aの半径の長さの$\sqrt{2}$倍になる。

② 円の面積は半径の2乗で求められるので，半径を$\sqrt{2}$倍すれば面積が2倍になる。

このテスト問題では，求め方の過程や理由の記述から「思考・判断・表現」を評価する。なお，具体的な数値をもとに平方根を用いて表現したり，平方根の定義をもとにして考察したりしている記述が見られれば，「おおむね満足できる」状況（B）にあると判断できる。さらに，解答に次のような記述が具体的に示されていれば，「十分満足できる」状況（A）と判断することができる。

・①で，「50の平方根の正の方が半径になる」ことにふれている。
・①で，「$5:5\sqrt{2}=1:\sqrt{2}$」や「$5\sqrt{2}\div5=\sqrt{2}$」のように，円Aの半径と円Bの半径の比較によって$\sqrt{2}$倍になっていることが結論付けられている。
・②で，文字式を用いて，$2\pi r^2=\pi\,2r^2=\pi(\sqrt{2}r)^2$のように，半径を$\sqrt{2}$倍すればよいことを説明している。 など

5 学習評価アイデア

本単元の「思考・判断・表現」の評価規準の例として，「すでに学習した計算の方法と関連付けて，数の平方根をふくむ式の計算方法を考察し表現することができる」「数の平方根を具体的な場面で活用することができる」などが考えられる。単元の活用場面だけでなく，新たな計算の仕方を見いだす場面においても適切に評価できるようテスト問題を工夫したい。

例えば，『略案』（p.29，問題10）では，平方根の加法，減法の計算を扱っている。ここでは，$\sqrt{9}+\sqrt{16}=\sqrt{25}$の計算は正しいといえるかどうかを考えることを通して，$\sqrt{a}+\sqrt{b}=\sqrt{a+b}$が成り立たないことに気付き，計算の方法を考える必要性を感じさせるように指導している。

この学習を踏まえて，右のような計算について説明するテスト問題を提示することが考えられる。これまでに学習してきている文字を用いた式の計算方法と関連付けて，計算方法を考え表現できるかを見取るようなテスト問題を作成することも考えられる。

> 次の計算は正しいですか。
> 正しいか正しくないかを答え，そのように考えた理由を説明しなさい。
> $\sqrt{3}+\sqrt{27}=\sqrt{30}$

3 「思考・判断・表現／主体的に学習に取り組む態度」のテスト問題例

1 評価規準

・根号をふくむ式の近似値の求め方を説明することができる。　　　　【思考・判断・表現】

・根号をふくむ式の近似値の求め方の手順を振り返り，要点を整理しようとしている。

【主体的に学習に取り組む態度】

2 テスト問題

「$\sqrt{5000}$の近似値を求めなさい。だたし，$\sqrt{5}=2.236$，$\sqrt{50}=7.071$とする。」という問題について，Aさんは右のように間違った解答をしました。

Aさんがどのような間違いをしているのか説明しなさい。ま

> **Aさんの解答**
> $\sqrt{5000}=2.236\times1000$
> 　　　　$=2236$

た，正しい計算の過程を書きながら，同じ間違いを防ぐためには，どのようなことに気を付けるとよいかを具体的に説明しなさい。

3 問題作成のねらい ［『略案』第3学年 p.29，問題9］

このテスト問題では，本単元で学んだ近似値の求め方の手順を振り返ることで，正しく計算するための要点を整理して説明することができるかどうかを評価する。

『略案』では，右の問題を提示し，予想をもとに実際に近似値を求める活動を

> $\sqrt{2}=1.414$と考えたとき，次の数の近似値はそれぞれア〜エのうちのどれだろうか。
> 　①　$\sqrt{200}$　　②　$\sqrt{2000}$　　③　$\sqrt{20000}$
> ア　1.414　　　　イ　14.14
> ウ　141.4　　　　エ　その他

行っている。実際の授業では，①をウと予想する生徒が多くいる。「近似値はどのようにすれば求められるだろうか」と問うことで，「$a\sqrt{b}$ の形に変形する」「$\sqrt{100}$なら1つ，$\sqrt{10000}$なら2つ小数点がずれる」「$\sqrt{2000}$を求めるには$\sqrt{20}$がわかればよい」などの要点に気付き，近似値の求め方を理解しながら主体的に学習に取り組んでいた。本単元の学習を踏まえて，間違いを防ぐための要点を言葉や式で具体的に説明できるかどうかを期待して問題を作成した。

4 評価の視点および解答例

このテスト問題における「思考・判断・表現」の評価については，間違いの理由を適切に説

明することができているかを見取るようにする。「主体的に学習に取り組む態度」の評価については，自己の問題の解決過程を想起し，近似値の求め方について振り返り，自分の学びを表出しようとしているかを見取るようにする。

　例えば，生徒の解答例❶は適切に説明できていることから「思考・判断・表現」の評価は「十分満足できる」状況（A）と判断できるが，工夫が形式的な操作の方法を示すだけに留まっており，「主体的に学習に取り組む態度」の評価は「おおむね満足できる」状況（B）と判断できる。さらに，次のような記述が示されていれば,（A）と判断することができる。

・$\sqrt{50}$を用いることをどのように判断しているか説明している。
・根号の中の数の小数点が2桁右にずれるごとに，平方根の値の小数点は同じ向きに1桁ずつずれることに関連した補足説明を加えている。

など

　生徒の解答例❷は近似値を求める手順を振り返り，正しく計算するための要点を説明しているので，「主体的に学習に取り組む態度」の評価は（A）と判断することができる。このような記述をしている生徒を記録に残し，単元全体の「主体的に学習に取り組む態度」の評価に加えるとよい。

> **間違いの説明**
> $\sqrt{5}$ の値を1000倍しているが，$\sqrt{5000}=\sqrt{5}\times\sqrt{1000}$なので1000倍ではない。
>
> **正しい計算の過程**
> $\sqrt{5000}=10\sqrt{50}$　　$a\sqrt{b}$ の形にして10を外
> 　　　　$=10\times7.071$　に出す。
> 　　　　$=70.71$

生徒の解答例❶

> **間違いの説明**
> $\sqrt{50}$を使っていないから正しくない。
>
> **正しい計算の過程**
> $\sqrt{5000}=\sqrt{50}\times\sqrt{100}$　　$\sqrt{100}$をつくれば10が
> 　　　　$=\sqrt{50}\times10$　　外に出る。
> 　　　　$=7.071\times10$　　→$\sqrt{50}$が残る
> 　　　　$=70.71$
> ※$\sqrt{100}$だと10倍なので小数点の桁が1つ右に動くことを覚えておいて確認すれば，より間違いにくくなる。（$\sqrt{10000}$だと2つ右に動く。）

生徒の解答例❷

5　学習評価アイデア

　「主体的に学習に取り組む態度」を評価するためには，問題解決の過程や結果を振り返って検討している姿を見取る必要がある。

　例えば，テストの間違いを分析するレポートに取り組ませることで，右のような記述から，授業とテスト問題の学びを関連させ，自己調整を図る姿を見取り評価することもできる。

> **生徒のテスト分析の例**
> 　授業ではテスト問題のように間違ったが，授業後は計算過程を書くようにしたので，今回の説明が書けた。次は，もう少し正確な表現で説明できるようにしたい。

1 「知識・技能」のテスト問題例

1 評価規準

・誤答を見いだし，適切な方法で２次方程式を解くことができる。

2 テスト問題

理恵さんは２次方程式 $5x(x-2)=2x^2+5x$ を右の _____ のア〜オの順に式を変形しながら解きました。このとき，次の問いに答えなさい。

① 理恵さんの解き方には正しくない箇所があります。誤っている箇所をア〜オの中から選び，記号で答えなさい。また，正しくない理由を説明しなさい。

② ２次方程式 $10x(x+2)=4x^2-6x$ を解きなさい。ただし途中式を記すこと。

$$
\begin{array}{ll}
5x(x-2) & =2x^2+5x \\
5x^2-10x & =2x^2+5x \\
3x^2-15x & =0 \\
x^2-5x & =0 \\
x-5 & =0 \\
x & =5
\end{array}
\qquad
\begin{array}{l}
\text{ア} \\
\text{イ} \\
\text{ウ} \\
\text{エ} \\
\text{オ}
\end{array}
$$

3 問題作成のねらい 〔『略案』３学年 p.42，問題３〕

　このテスト問題では，２次方程式を適切な方法で解くことができるかを評価する。

　『略案』では，右の問題を提示し，因数分解を使って解くことができるかどうかを考える学習を行っている。特に②の２次方程式は，両辺を x でわるといった誤答例がすべての教科書で取り扱われている。この形の２次方程式は，因数分解を用いて形式的に解くことができるようになっても，「どうして x でわってはいけないのか」という根拠を正しく述べることができない生徒が多くいる。本テスト問題①は式の読み取りから誤りの部分を見つける設問である。あわせて理由（根拠）を述べさせることで，理解を具体的に見取ることができる。テスト問題①

次の①〜④の２次方程式の中で，因数分解を使って解くことができるのはどれだろうか。
① $x^2+12=7x$
② $x^2+x=0$
③ $x^2-22x+121=0$
④ $3(x^2-8)=(x-8)(x+2)$

を踏まえて，②では因数分解を用いて適切な方法で解くことができるかどうかを見取る設問とした。

4 評価の視点および解答例

【「おおむね満足できる」状況（B）】

・正しくない理由を説明し，2次方程式を適切な方法で解くことができる。

【解答例】

① エ （理由）両辺を x でわっているから

②
$$10x^2 + 20x = 4x^2 - 6x$$
$$6x^2 + 26x = 0$$
$$2x(3x + 13) = 0$$
$$x = 0, \quad x = -\frac{13}{3}$$

このテスト問題では，根拠をもとに正しくない理由を述べられるかどうか，適切な方法で2次方程式を変形できるかどうかで「知識・技能」を評価する。なお，①と②のすべてに【解答例】のように答えることで「おおむね満足できる」状況（B）と判断できる。さらに，①の解答に次のような記述が具体的に示されていれば，「十分満足できる」状況（A）と判断することができる。

・式変形の過程で両辺を文字（ x ）でわってはいけない。なぜなら $x = 0$ の場合もあるから

など

5 学習評価アイデア

方程式の単元では，「形式的に処理をするよさ」を理解させることが大切である。式変形の過程を振り返らせることを適宜取り入れながら指導を行いたい。そこで，本単元における「知識・技能」を評価する方法の1つとして，複数題の方程式を解かせ，その正答数から定着の度合いを図るばかりではなく，式変形の意味を正しく理解しているかどうかを問うテスト問題も作成したい。

例えば，『略案』（p.48，授業例4）では，平方根の考え方による解き方を扱っている。右のようなテスト問題で，左辺が因数分解できない形であっても $(x + ●)^2 = ▲$ の形に変形するには両辺に何を加えればよいかを考えさせるなど，2次方程式の変形の仕方を問うことで，技能を見取るようにしていきたい。

> 平方根の考え方を用いて次の方程式を解くとき，アとイに当てはまる途中式を答えなさい。
>
> $$x^2 + 4x + 1 = 0$$
>
> | ア |
> | --- |
> | イ |
>
> $$(x + 2)^2 = 3$$

2 「思考・判断・表現」のテスト問題例

1 評価規準

・2次方程式を問題の解決に活用し，求めた解が問題の答えとして適切かどうかを吟味することができる。

2 テスト問題

横の長さが縦の長さの2倍である長方形の土地がある。この土地の縦の長さを x mとするとき，次の①，②に答えなさい。

① この土地について，$2(x + 2x)$ と表されるものを次のア～オから1つ選びなさい。

ア 土地の周の長さ　　　イ 土地の周の長さの2倍　　　ウ 土地の面積

エ 土地の面積の2倍　　　オ 土地の対角線の長さ

② この土地に，右の図のような幅2mの通路を縦と横につくって残りを花壇にしたところ，花壇の面積が264m^{2}になりました。縦の長さを x mとして次の(1)，(2)の方程式をそれぞれ答え，この土地の縦の長さを求めなさい。

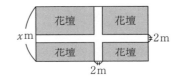

(1) 花壇の面積についての方程式　　　(2) 通路の面積についての方程式

3 問題作成のねらい [『略案』第3学年 pp.51-52，授業例7]

「事象に即して解釈したことを数学的に表現すること」「等しい関係にある数量を取り出して

方程式をつくること」に苦手意識をもっている生徒は多い。

このような実態を踏まえ『略案』では，右のように〈花壇A〉から〈花壇B〉へと問題を段階的に扱うことで，通路を移動して考えてもよいこと，通路の幅

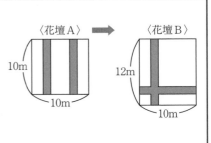

花壇A，Bの一部に2本の道をつけて，いずれも面積（白色部分）が80㎡の花壇をつくりたい。通路の幅は何mですか。

を求めるための方程式のつくり方が2通りあることを学習している。さらに，〈花壇B〉の通路の面積を表した方程式では，重なり部分を余計に数えてしまっているので引かなければならないこと，2通りの等しい数量（花壇の面積，通路の面積）に着目して方程式をつくることを

確認している。この学習を踏まえて，このテスト問題では，土地の長さを求めるために２次方程式を活用できるかどうかを評価する。

4 評価の視点および解答例

【「おおむね満足できる」状況（B）】

・等しい関係にある数量に着目し，２次方程式をつくって問題を解決することができる。

【解答例】

① ア

② (1) $(x-2)(2x-2)=264$

(2) $x\times 2x-264=x\times 2+2\times 2x-4$ （答）縦13m

　このテスト問題では，問題場面の数量について適切に文字で表すことができるか，等しい関係にある数量を取り出して方程式をつくることができるかで「思考・判断・表現」を評価する。なお，②のいずれかの２次方程式が記述されており，２つの解 $x=-10$，$x=13$のうち，この土地の１辺の長さは正の数となることに気付き，縦が13mとなることを導くことができていれば，「おおむね満足できる」状況（B）にあると判断する。また，(1)と(2)の両方の方程式を答えることができていること，道幅が２mであることから $x>2$ でなければならないことを記述できている場合は，「十分満足できる」状況（A）と判断することができる。

5 学習評価アイデア

　「思考・判断・表現」の評価で説明を記述させる際には，育てたい資質・能力を明確にした上で「事柄」「方法」「理由」をバランスよく問う必要がある。

　右のテスト問題では，「通路を移動させて考えるよさは何か？」といった方法と理由を尋ねている。これに対する

縦13m，横26mの土地に２本の通路を垂直に交差させ，面

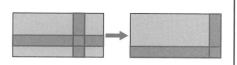

積が264m²となる花壇をつくります。通路の幅の求め方について，次の問いに答えなさい。

① 上図のように，通路を移動させて考えるよさを説明しなさい。

② 通路の幅を x mとして，①の考え方を用いた２次方程式をつくり，通路の幅を求めなさい。

表現の仕方で，事象を数学化して考えることができているかどうかを見取ることができる。

1 評価規準

・2次方程式に応じた解き方を理解している。 【知識・技能】

・2次方程式の解き方について振り返り，式に応じた解きやすい方法について説明しようと
している。 【主体的に学習に取り組む態度】

2 テスト問題

2次方程式にはア〜ウの3通りの解き方があります。このとき，次の問いに答えなさい。

　ア　因数分解による解き方

　イ　平方根の考えを使った解き方

　ウ　解の公式による解き方

①　2次方程式 $2(x-3)^2=10$は，どの方法で解くことが望ましいですか。ア〜ウの
　中から1つ選び，選んだ記号の方法で方程式を解きなさい。

②　①でなぜその解き方を選んだのか，理由を余白部分に説明しなさい。

---

3 問題作成のねらい ［『略案』第3学年 p.49，授業例5］

　このテスト問題では，2次方程式に応じた解き方について要点を整理して説明することができるかどうかを評価する。

　『略案』では，4つの2次方程式を提示し「解の公式を使って解くとよいのはどれだろうか。」と問いかけ，解の公式を使うことが望ましい2次方程式の特徴を見いだす授業例を紹介している。授業では，「解けそうだ」と感じた方程式から各々解くように指示を出し，解の公式以外の方法で解いている方程式が複数あることを紹介しながら，因数分解による解き方や平方根の考えを使った解き方を選んだ理由について振り返る場面を設けている。解の公式を使

次の①〜④の中で，解の公式を使って解くとよいのはどれだろうか。

　①　$x^2-x-72=0$

　②　$2x^2-3x+1=0$

　③　$4x^2=9$

　④　$x^2-6x+7=0$

う理由については，「因数分解できないから」「移項しても平方根の考え方が使えないから」「xの2乗の係数が1ではないから」「解の公式を使えばすべての2次方程式を解くことができるから」といった発言を取り上げながら学習している。

4 評価の視点および解答例

このテスト問題における「知識・技能」の評価については，式に応じた適切な解き方を選択し，２次方程式を解くことができるかどうかを①で見取るようにする。「主体的に学習に取り組む態度」の評価については，これまでに学習してきたことを振り返るとともに，①で選択した方法の理由（根拠）について②で説明しようとしているかを見取るようにする。

「主体的に学習に取り組む態度」の評価は，例えば，次のように解答している場合は「おおむね満足できる」状況（Ｂ）と判断する。

・$ax^2+bx+c=0$ の形に変形することができればどのような方程式でも解くことができるから

・$(x+●)^2=▲$ の形になっているから

など

$$2(x-3)^2=10$$
$$(x-3)^2=5$$
$$x^2-6x+4=0$$
$$x=\frac{6\pm\sqrt{36-16}}{2}$$
$$x=3\pm\sqrt{5}$$

この方程式は因数分解することができない。$ax^2+bx+c=0$ の形に変形することができればどのような方程式でも解くことができるから解の公式で解いた。

解答例❶（ウ　解の公式）

$$2(x-3)^2=10$$
$$(x-3)^2=5$$
両辺の平方根をとると
$$x-3=\pm\sqrt{5}$$
$$x=3\pm\sqrt{5}$$

この方程式は因数分解することができない。そして解の公式だと一度展開する必要があるので $(x+●)^2=▲$ の形にして平方根の考え方を用いた方がよい。

解答例❷（イ　平方根の考え）

一方で，ア〜ウの３通りの解き方のうち，複数通りの解き方について比較を交えた記述が見られれば，「十分満足できる」状況（Ａ）と判断する。例えば，解答例❶，❷では選択した解き方以外の方法についても記述しているため，いずれも（Ａ）と判断できる。

5 学習評価アイデア

「主体的に学習に取り組む態度」は，問題の解決過程を振り返り，その過程を順序立てて説明しようとしているかで評価することもできる。

例えば，本単元で学習する解の吟味に関連して，右のようなテスト問題を出題することができる。題意にふさわしい値の組はどれなのか，なぜそれ以外の組では適さないのかを数学的な表現を用いて自分なりの言葉で説明しようとしているかを問うことで，「主体的な学習に取り組む態度」を評価することも考えられる。

周りの長さが20mで，面積が24m^{2}の長方形の土地があります。土地の縦の長さを□m，横の長さを■mとするとき，□と■に入る数の候補は，次のどの値が適しているかを説明しなさい。

1，2，3，4，6，8，12，24

4 「関数 y＝ax²」のテスト＆評価

1 「知識・技能」のテスト問題例

1 評価規準

・$y=ax^2$のグラフや変化の割合，値の変化の特徴について理解している。

2 テスト問題

> $y=3x^2$について，次の①〜③は正しいですか。正しいときは○を，正しくないときは×をつけて正しく直しなさい。
>
> ①　グラフは双曲線である　　　　　　②　変化の割合が一定でaと等しい
>
> ③　xの値が増加するとyの値は必ず増加する

3 問題作成のねらい [『略案』第３学年 pp.57-58，授業例１　pp.59-60，授業例２　p.61，授業例３　p.55，問題７　pp.65-66，授業例６]

関数関係の特徴については，表，式，グラフを相互に関連付けた学習を通して見いだすことが重要である。さらには，既習の関数関係と比較したり関連付けたりすることで，それぞれの関数関係の理解が深められる。

> 　次のア〜ウの関数で，xの値が１から２まで増加するときの変化の割合が２になるものはどれだろうか。
>
> ア　$y=2x-1$　　イ　$y=\dfrac{2}{x}$　　ウ　$y=2x^2$

『略案』では，授業例１で表や式，授業例２，３でグラフから特徴を見いだす学習を行っている。また，問題７，授業例６では，右に示すような問題をもとに，変化の割合やxやyの値の変化について学習している。

> 　次のア〜ウで，$x>0$のとき，xの値が増加するとyの値が増加するものはどれだろうか。
>
> ア　$y=2x-1$　　イ　$y=\dfrac{2}{x}$　　ウ　$y=2x^2$

このことから，他の関数関係との違いや共通点を踏まえて関数$y=ax^2$の特徴について理解しているか見取ることを目的としてテスト問題を作成した。①は授業例２，３で学習したグラフの形，②は授業例６で学習した変化の割合，③は問題７で学習したx，yの値の変化の様子の学習にそれぞれ対応する設問である。

4 評価の視点および解答例

【「おおむね満足できる」状況（B）】

・関数 $y = ax^2$ の特徴について理解し，誤りを正しく直すことができる。

【解答例】

① ×：グラフは放物線である

② ×：変化の割合は一定ではない

③ ×：x が０より小さいときは，x の値が増加すると y の値は減少する

このテスト問題では，正しく直した記述から「知識・技能」を評価する。なお，①〜③のすべてを【解答例】のように答えることで，「おおむね満足できる」状況（B）にあると判断できる。さらに，解答に次のような記述が具体的に示されていれば，「十分満足できる」状況（A）と判断することができる。

・①で，「原点を通る」「上に開いた」などの特徴についてふれている。　など

・②で，「例えば，x の値が１ずつ増加しても，x がどの値からどの値まで増加するかによって，y の増加量が異なる」「グラフが曲線である」など，変化の割合が一定でない理由にふれている。　など

・③で，「y の値は，$x < 0$ のときは減少し，$x = 0$ で最小となり，$x > 0$ のときは増加する」など，x の変域による増減の変化の違いについてふれている。　など

なお，本テスト問題では，正誤を判断させて理解を問う形で評価を行っている。本テスト問題以外にも「次の関数の式について正しく述べているものを選びなさい。」と出題し，比例，反比例，１次関数をふくめた複数の式から条件に該当する式の組合せを選択する問題にするなど，既習の関数関係の理解とともに評価を行うことも可能である。

5 学習評価アイデア

本単元における「知識・技能」の評価は，表やグラフを形式的にかくことだけではなく，表，式，グラフを相互に関連付けて，関数の特徴について理解を適切に見取るようにしたい。

『略案』（p.57，授業例１）では，表から x と y の関係を読み取り，$y = ax^2$ の式と表の関係について学習している。また，『略案』（p.61，授業例３）では，式とグラフの関係からグラフの特徴を見いだす学習を行っている。

これらを踏まえて，右のようなテスト問題を提示し，グラフの形と定数 a の値との関係を正しく理解しているかを見取ることができる。

> 次の①〜③に当てはまる式を次のア〜エから選び，選んだ理由を答えなさい。
> ① グラフが上に開いている
> ② グラフの開き方が一番大きい
> ③ x 軸について対称なグラフの組
> ア $y = x^2$　　イ $y = 3x^2$
> ウ $y = \dfrac{1}{3}x^2$　　エ $y = -3x^2$

2 「思考・判断・表現」のテスト問題例

1 評価規準

・関数 $y = ax^2$ の関係にある具体的な事象について，表，式，グラフを用いて考察することで，問題を解決することができる。

2 テスト問題

> まっすぐな線路を走る電車とその線路に平行に走っている道路があります。電車が駅を出発するのと同時に，秒速10mで自動車も同じ方向に出発します。電車は駅を出発してから60秒後までは x 秒間に $\frac{1}{5}x^2$ m進みます。このとき，40秒後までに電車は自動車に追いつくことはできますか。駅からの距離を y mとして，表，式，グラフのいずれかを用いて説明しなさい。

3 問題作成のねらい ［『略案』第3学年 p.56，問題10］

このテスト問題では，1次関数と関数 $y = ax^2$ を用いて事象を捉え，表，式，グラフで表現することによって，速さと時間と距離の関係について説明することができるかを評価する。

『略案』では，電車と自動車が並走している様子を右のグラフで提示し，グラフから読み取ることができる情報をもとに，生徒が問題づくりをする学習展開を行っている。例えば，「それぞれのグラフを式に表す」「電車が自動車に追いつくときの距離や時間を求める」「電車の平均の速さを求める」など，既習を生かした多様な問題が作成できる。

本テスト問題では，電車が自動車に追いつくことができないような数値を設定した。電車と自動車の関係を，表，式，グラフのいずれかを用いて考察し，追いつくことができない理由を説明することができるかを見取る設問とした。

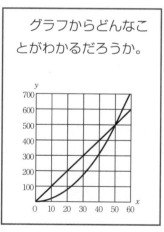

4　評価の視点および解答例

【「おおむね満足できる」状況（B）】

・電車と自動車の時間と距離の関係を，表，式，グラフのいずれかを用いて考察することで，電車が自動車に追いつくことができない理由を説明することができる。

【解答例】

① （表を用いた説明）

時間 x（秒）	0	10	20	30	40	50	60
自動車の距離 y（m）	0	100	200	300	400	500	600
電車の距離 y（m）	0	20	80	180	320	500	720

40秒後には追いつくことはできない。

② （グラフを用いた説明）

右のグラフから40秒後には追いつくことはできない。

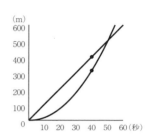

③ （式を用いた説明）

それぞれの式が $y=10x$，$y=\dfrac{1}{5}x^2$なので，$y=40$を代入すると，$y=400$，$y=320$となり追いつくことはできない。

　このテスト問題では，表，式，グラフを用いた説明の記述から「思考・判断・表現」を評価する。なお，①～③のいずれかを【解答例】のように答えることで，「おおむね満足できる」状況（B）にあると判断できる。さらに，解答に次のような記述が具体的に示されていれば，「十分満足できる」状況（A）と判断することができる。

・「表の値から40秒後のとき自動車は400m地点，電車は320m地点にいる」「40秒後の電車の座標が，自動車の座標より y 座標が下にあるから電車は自動車より後ろにいる」「代入した値から，自動車は400m地点，電車は320m地点にいる」など，それぞれの表し方からわかる具体的な事象の状況が適切に示された上で説明している。

・「y の値が一致すること」「グラフが交わること」が追いついた状況を示していることを記述した上で，40秒後の時点では追いつくことはできないことを説明している。　　など

5　学習評価アイデア

　本単元における「思考・判断・表現」の評価では，表，式，グラフのそれぞれのよさを踏まえながら，場面に応じて適切な表現を選択できるかも見取りたい。

　例えば，『略案』（p.55，問題6）では，$y=ax^2$の変域について学習している。右のような問題を提示することで，問題の解決に適した表し方を選択し，その理由を説明できているかを見取ることもできる。

> $y=x^2$で x の変域が $-3 \leqq x \leqq 1$ のとき，y の最小値が0であることを説明したい。表，式，グラフの表し方のうち適していると考えられるものを用いて説明しなさい。

3 「思考・判断・表現／主体的に学習に取り組む態度」のテスト問題例

1 評価規準

・表から二つの数量の変化や対応の特徴を読み取り，x と y の関数関係を判断することができる。　　　　　　　　　　　　　　　　　　　　　　　　　　【思考・判断・表現】

・関数関係の特徴を活用して問題を解決しようとしている。　【主体的に学習に取り組む態度】

2 テスト問題

> 　y は x の関数で，x と y には右の表の関係があります。このとき，x と y の関係として考えられるものをア〜エの中から，2つ選びなさい。また，そのとき□に当てはまる値を，求め方がわかるように答えなさい。
>
> | x | … | 1 | … | 3 | … | 5 | … |
> | y | … | 3 | … | □ | … | 75 | … |
>
> 　　ア　y が x に比例　　　　　　　　イ　y が x に反比例
>
> 　　ウ　y が x の1次関数　　　　　　エ　y が x の2乗に比例

3 問題作成のねらい [『略案』第3学年 pp.57-58，授業例1]

　このテスト問題では，表から関数関係の特徴を活用することで問題を解決し，その解決方法を具体的に説明することができるかを評価する。

　『略案』では，授業例1で右の問題を提示し，表から関数関係を読み取る学習を行っている。その際，「x の値が2倍，3倍…になったときの y の値の変化の仕方」「x が0のときの y の値」「x が1増

> 　次のア〜エで，y が x の2乗に比例するものはどれだろうか。
>
> ア
> | x | … | 0 | 1 | 2 | 3 | … |
> | y | … | 0 | 3 | 6 | 9 | … |
>
> イ
> | x | … | 0 | 1 | 2 | 3 | … |
> | y | … | 2 | 5 | 8 | 11 | … |
>
> ウ
> | x | … | 0 | 1 | 2 | 3 | … |
> | y | … | 0 | 3 | 12 | 27 | … |
>
> エ
> | x | … | 0 | 1 | 2 | 3 | … |
> | y | … | × | 3 | 1.5 | 1 | … |

えたときの y の増加量」「x と y の対応（縦の関係）」など，着目する視点を確認しながらそれぞれの特徴を整理している。

　このような学習を踏まえて，意図的に関数関係が特定されていない問題設定とすることで，既習の関数関係を総合的に活用して問題を解決しようとする「主体的に学習に取り組む態度」も見取ることができると考えて問題を作成した。

4 評価の視点および解答例

　このテスト問題における「思考・判断・表現」の評価については，「表から関数関係を正しく判断できているか」「□に当てはまる値の求め方を具体的に説明できているか」を見取るようにする。「主体的に学習に取り組む態度」の評価については，既習の関数関係の特徴を活用して問題を解決することを通して，自らの学びを振り返ろうとしているかを見取るようにする。

　例えば，生徒の解答例❶は関数関係を適切に判断し，□の求め方も説明できていることから「思考・判断・表現」の評価は「十分満足できる」状況（A）と判断できるが，□に当てはまる値の求め方が形式的な計算方法を示すだけに留まっており，「主体的に学習に取り組む態度」の評価は（B）と判断できる。さらに，次のような記述が示されていれば，（A）と判断することができる。

　　・□の値を求める際に，どのように関数の特徴を捉えたのかわかるように説明されている。　など

　例えば，生徒の解答例❷では変化の割合や x の値を2倍，3倍…したときの y の値の変化の仕方，表の対応の関係といった特徴に着目して，問題を解

> （答）ウとエ
> **□に当てはまる値**
> ウ：変化の割合が $72 \div 4 = 18$，$36 + 3 = 39$
> 　　よって，$□ = 39$
> エ：$9 \times 3 = 27$　　　　よって，$□ = 27$

生徒の解答例❶

> **□に当てはまる値**
> ウ：x が4増加すると，y が72増加しているから，変化の割合が $72 \div 4$ で18とわかる。1次関数は変化の割合が一定だから，x が3のときの y の値は $3 + 36$ で，$□ = 39$ になる。
> エ：x の値が3倍になると，y の値は3の2乗倍になるので，$3 \times 3^2 = 27$ で，$□ = 27$ になる。

生徒の解答例❷

決しようとしていることを見取ることができるため，「主体的に学習に取り組む態度」の評価は，（A）と判断することができる。このような記述をしている生徒を記録に残し，単元全体の「主体的に学習に取り組む態度」の評価に加えていくとよい。

5 学習評価アイデア

　本単元で「主体的に学習に取り組む態度」を評価するためには，学習を通した生徒の変容を見取ることが重要である。例えば，「わかったこと，身に付いたこと」「おもしろかったこと，不思議だったこと」「まだわからないこと」「もう少し深めたいこと」などの視点を提示し，単元全体の学びについての振り返りを記述させることが考えられる。右の振り返りからは，既習事項を発展させ，学びを深めようとしている態度を見取ることができる。

> **もう少し深めてみたいことの例**
> 　x の次数を増やしたら，$y = ax^2$ と同じグラフになるのか，1次関数みたいに $y = ax^2 + b$ と表すことはできるのか考えてみたいと思った。

5 「相似と比」のテスト&評価

1 「知識・技能」のテスト問題例

1 評価規準

・図形が相似であることの意味を理解し，相似かどうか判断することができる。

2 テスト問題

> Ａさんは「すべての□□□は相似であるといえるよ。」と言っています。このとき，次の問いに答えなさい。
> ① □□□に当てはまる平面図形を３つ答えなさい。
> ② □□□に当てはまらない平面図形を次のア〜エからすべて選び，それぞれについて理由を答えなさい。
> ア ひし形 　イ テレビ画面の長方形 　ウ 二等辺三角形 　エ 半円

3 問題作成のねらい［『略案』第３学年 p.72，授業例１］

　このテスト問題は，図形が相似であることの意味を理解しているかを問うものである。相似になる例とならない例の両方を問うことで，相似な図形について理解の深さを確かめることをねらいとしている。

　『略案』では右の図のように，そのままのサイズと50%に縮小したサイズの三角定規の組を提示し，縮小後に変わったところと変わらないところを考えさせ，相似の意味を理解させる授業を行った。実際の授業では，対応する角や辺の長さ，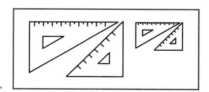
面積などのキーワードが出され，「拡大または縮小により合同になる」ことが確認できた。この授業での学びが②の理由の記述に生かされることを期待する。

　①は相似な図形を例示させ，相似の意味を理解しているかを見取る設問である。

　②は相似にならない理由を説明させることで，相似かどうかを判断する際の根拠として，学習内容が生かされているかどうかを見取る設問である。

4 評価の視点および解答例

【「おおむね満足できる」状況（B）】

・図形が相似であることの意味を理解し，基本的な図形について相似かどうかを判断することができる。

【解答例】

① 円，正方形，正三角形，直角二等辺三角形　など

② ア　ひし形　　（理由）形の違うひし形があるから

　ウ　二等辺三角形　　（理由）角の大きさによって変わるから

このテスト問題では，選ぶ図形とその理由の記述から「知識・技能」の評価をする。【解答例】のように，①で□□□に当てはまる図形の形を，②で□□□に当てはまらない図形と理由を答えることで「おおむね満足できる」状況（B）にあると判断する。さらに，次のような記述が示されていれば，「十分満足できる」状況（A）と判断できる。

・4つの辺が等しくても正方形に近いものや縦横に長いものがあり形が異なるから

・頂角の大きさが異なれば底角の大きさが変わるので，相似とはいえないから　など

ひし形，二等辺三角形，それぞれについていえる理由のみならず，「拡大または縮小しても，合同にならない場合があるから」「辺の比（または角の大きさ）が等しくならない場合があるから」といった理由のように，平面図形が相似にならない場合の条件として幅広く当てはまる記述についても（A）とする。

5 学習評価アイデア

本単元において「知識・技能」を評価するためのテスト問題は，相似な三角形を見つけたり，比例式をつくって線分の長さを求めたりする形式のものが多い。こういった問題に偏ることなく，例えば，右のようなテスト問題を出題して理解を確かめることもできる。

相似の中心を決めさせることで多様な解答が考えられ，各自の理解の深さが試される。相似の中心の位置は三角形の内部や外部だけではなく，頂点や辺上に置くことも可能である。「2　テスト問題」と同様に，複数の解答例を示すことで，「そういう方法もあったのか」「なるほど，うまい方法だ」と理解を深める生徒が現れる。

> 相似の中心Oを自分で決めて，△ABCを2倍に拡大した△DEFをつくりなさい。
>
>

「問題解決の授業」を通して知識及び技能を身に付けるためには，答えを求める問題ばかりでなく，解く過程や理由を問うテスト問題も意図的に出題したい。継続することで，生徒にとってもそれが当たり前となり，深い学びにつながることを期待する。

2 「思考・判断・表現」のテスト問題例

1 評価規準

・中点連結定理を活用して，具体的な問題を解決することができる。

2 テスト問題

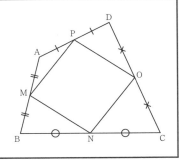

　右の図で，M，N，O，Pはそれぞれ四角形ＡＢＣＤの各辺の中点である。

　ＡＣ＋ＢＤ＝10㎝　のとき，

　四角形ＭＮＯＰの周の長さは何㎝ですか。

　求め方も説明しなさい。

3 問題作成のねらい ［『略案』第３学年 p.77，授業例６］

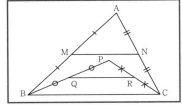

　『略案』では，右の図のMN，QR，ＢＣの関係について問うことで，中点連結定理の意味に気付き，理解する授業を行っている。MNの方がQRよりも長く見えるが，それぞれがＢＣの $\frac{1}{2}$ となることがわかり納得する。

　このテスト問題では，中点連結定理を具体的な問題解決の場面で活用できるかどうかを評価する。２本の対角線の長さを特定せず，和の形で与えることで，求め方の説明をすることが必要となる。

　本テスト問題の図には，中点であることがわかるように印をつけ，あらかじめM，N，O，Pを結んで四角形をかいている。問題に取り組みやすくするための配慮であるが，生徒の実態によっては，四角形ＡＢＣＤの図だけを与えて出題したり，逆に，対角線ＡＣ，ＢＤを図に加えて出題したりして，実態に応じた問題となるよう工夫したい。また，図に矢印やメモをかき込みながら説明を試みる生徒がいることも考え，解答欄にも問題と同じ図を記載する。

4 評価の視点および解答例

【「おおむね満足できる」状況（B）】

・中点連結定理を活用して，元の四角形の対角線の長さと内部にできる四角形の各辺の長さとの関係に気付き，周の長さを求め，その求め方を説明することができる。

【解答例】

・周の長さは10cm

（求め方）図1より，ＰＯとＭＮはそれぞれＡＣの半分の長さなので，その和はＡＣと等しい。また，図2より，同じようにＭＰとＮＯの和はＢＤと等しい。これらのことから，四角形ＭＮＯＰの周の長さは，ＡＣとＢＤの和に等しい。

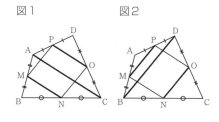

図1　　図2

このテスト問題では，周の長さを求められることやその求め方の記述内容から「思考・判断・表現」を評価する。周の長さを10cmと答え，【解答例】のように求め方を説明できることで「おおむね満足できる」状況（B）にあると判断する。さらに，下の（求め方）のように，中点連結定理の活用を明記し，式を使って論理的に求め方が示されていれば，「十分満足できる」状況（A）と判断することができる。

（求め方）中点連結定理より，$MN = PO = \dfrac{1}{2}AC$，よって，$MN + PO = AC$　…①
同様にして，$MP = NO = \dfrac{1}{2}BD$，よって，$MP + NO = BD$　…②
①，②より，四角形ＭＮＯＰの周の長さは，ＡＣ＋ＢＤと等しい。

5 学習評価アイデア

本単元において「思考・判断・表現」を見取るためのテスト問題は，証明や説明などの記述に偏ることが多い。思考の過程や根拠を知るために必要であるが，書くことが不得意な生徒は無解答になりやすく，この観点の評価は他に比べて低くなる傾向にある。既習内容を活用して思考した結果として正解が得られるのであれば，角度や線分の長さを求める問題でも評価は可能である。

例えば，右の2つのテスト問題のように，値を求めて答えられる設問もバランスよく扱いながら，多くの生徒が取り組めるように留意して問題を作成したい。

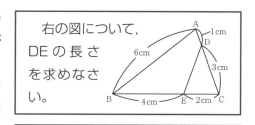

右の図について，DEの長さを求めなさい。

次の長方形ＡＢＣＤで，ＥはＤＣの中点である。㋐の面積が4cm²のとき，㋑，㋒，㋓の面積を答えなさい。

3 「思考・判断・表現／主体的に学習に取り組む態度」のテスト問題例

1 評価規準

・体積を比較する際，相似な立体の体積比を活用して考えることができる。

【思考・判断・表現】

・具体的な問題場面で，相似な立体の体積比を活用して解決しようとしている。

【主体的に学習に取り組む態度】

2 テスト問題

陶芸（焼き物）で作品をつくります。粘土で形を整えてから完成するまでに，乾燥させたり焼いたりする過程で縮んで小さくなるそうです。粘土の状態から完成までに20％縮む（形は変わらないまま，高さや幅が20％小さくなる）とき，次の問いに答えなさい。

Aさんは，粘土で内寸が半径5.5cm，高さ10cmの円柱型の湯飲みをつくりました。それを見たBさんが，「完成したら，中に入る水の量は半分以下になるね。」と言っています。Bさんが言っていることは本当でしょうか。理由も説明しなさい。

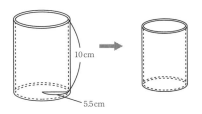

3 問題作成のねらい [『略案』第3学年 p.80, 授業例8]

『略案』では，右の図のように高さがちょうど2倍の2つのマヨネーズについて，「小さい方の内容量は50gである。大きい方は何gだろうか。」と問いかけて予想させ，相似な立体の体積比について考える授業を行っている。実際の授業では，立方体や球の場合を例示して，体積比が相似比の3乗になることを指導し，マヨネーズの内容量は8倍の400gになることを確かめている。

（高さはちょうど2倍）

このテスト問題では，焼き物を題材として，具体的な場面で体積比を活用できるかを問う。同時に，自分なりに問題と向き合って考え，解決を図ろうとする姿勢を見取るねらいがある。体積比を活用した効率のよい解決方法もあれば，それぞれの体積を求めて直接比較する方法もある。アプローチの仕方よりも問題を解こうとする姿勢を認め評価したい。

4 評価の視点および解答例

　このテスト問題における「思考・判断・表現」の評価については，粘土を成形したものと完成した作品，それぞれに入る水の量を比較し，問題が正しく解決できていることで「おおむね満足できる」状況（B）と判断する。「主体的に学習に取り組む態度」の評価については，理由の記述から見取り，問題の意味を理解して解決に向けて方法を考え，説明を試みようとしていれば（B）と判断する。

粘土と完成品の相似比は $$100：80 = 5：4$$ と表せる。 体積比を考えると $$5^3：4^3 = 125：64$$ 125の半分は62.5なので半分以下とはいえない。	粘土の円柱内部の体積は ㋐$5.5×5.5×\pi×10 = 302.5\,\pi\,(\mathrm{cm}^3)$ 完成品は ㋑$4.4×4.4×\pi×8 = 154.88\,\pi\,(\mathrm{cm}^3)$ 　㋐の半分は$151.25\,\pi\,(\mathrm{cm}^3)$であるから，Bさんが言っていることは，本当ではない。	本当ではない。 相似比は $$5：4$$ 面積比が $$25：16$$ になるから半分以上
解答例❶	解答例❷	解答例❸

　解答例❶は体積比の活用が明確であり「思考・判断・表現」が「十分満足できる」状況（A），考えをもとに理由の説明ができているので「主体的に学習に取り組む態度」も（A）と評価する。解答例❷は体積比を活用していないため「思考・判断・表現」は（B），「主体的に学習に取り組む態度」は解答例❶と同様に（A）と評価する。解答例❸は面積比を使った誤答のため「思考・判断・表現」は「努力を要する」状況（C）となるが，相似比を使って説明を試みている点を認め「主体的に学習に取り組む態度」は（B）と評価する。

5 学習評価アイデア

　本単元における「主体的に学習に取り組む態度」の評価では，「知識・理解」や「思考・判断・表現」としては十分とはいえない解答であったとしても，既習を活用して考え，答えようとする記述があれば，意欲を認め姿勢を評価したい。

　テスト問題で相似な立体の面積比を活用できるかどうかを見取る場合には，右のような問題も考えられる。この問題を通した「主体的に学習に取り組む態度」の評価も陶芸のテスト問題と同様に，求める過程の記述内容によって見取ることができる。

> 　美術の教材で作ったマトリョーシカ人形にニスを塗って完成させます。人形は大きい順にA，B，Cの3つで，高さはそれぞれ12cm，8cm，6cmです。
>
> 　Bを塗るために32mLのニスが必要なとき，A，Cにはそれぞれ何mLのニスが必要になるでしょうか。人形が相似な立体であると考え，求める過程も書きなさい。

6 「円」のテスト＆評価

1 「知識・技能」のテスト問題例

1 評価規準

・円周角と弧の関係を理解し，角の大きさを求めることができる。

2 テスト問題

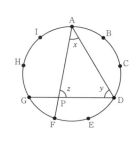

　右の円で，点A〜Ｉは円周を9等分した点でＡＦとＤＧの交点をＰとするとき，次の問いに答えなさい。

　①　∠xの大きさを求めなさい。

　②　∠yと∠zの関係として正しいものを1つ選び，その理由を説明しなさい。

　ア　∠y＜∠z　　イ　∠y＝∠z　　ウ　∠y＞∠z

3 問題作成のねらい ［『略案』第3学年 p.86，授業例1　p.87，授業例2］

　このテスト問題では，円周角と弧の関係を理解しているかを評価する。

　『略案』（授業例1）では，三角形の外角の性質やブーメラン型の性質を使うことができるような補助線をひくことで，円周角と中心角の関係を捉える授業例を紹介している。また『略案』（授業例2）では，円

授業例1
　円周角の定理の証明に用いる図
授業例2
　円Ｏの円周を8等分する点をとったとき，∠aと∠bはどちらが大きいだろうか。

周を8等分した点から中心角と円周角をつくり，∠aと∠bの大きさを比較させている。中心角と弧の関係を活用しながら，円周角と弧の関係についても比例関係にあることを学び，円周角と弧の関係について理解を深めている。

　本テスト問題では，円周を9等分しているので，9個の点を組み合わせて結んでも円の中心を見つけることはできない。生徒自身がおよその中心の位置を設定し，補助線をひきながら，弧1つ分に対して中心角や円周角が何度になるかを考える問題である。

①については，弧２つ分の中心角を求め，円周角の定理から∠x＝40°になることを答えさせる設問である。また，②については，①で求めた∠xをもとに，∠y，∠zの角の大きさから正しい関係を選ばせ，その理由を説明させる設問である。

4 評価の視点および解答例

【「おおむね満足できる」状況（Ｂ）】
・円周角と弧の関係を理解し，円周角の定理を使って角の大きさを求めることができる。

【解答例】
① 40°　　② ア　（説明）９等分した円周の弧１つ分の中心角40°と円周角20°から∠y＝60°になる。∠x＝40°になるので，三角形の内角の和180°より∠z＝80°になる。したがって∠y＜∠zになる。

このテスト問題では，円周角の定理や円周角と弧の関係を用いて角の大きさを求めることから「知識・技能」を評価する。円周を９等分すると，弧１つ分に対する中心角は360°÷９＝40°になり，その弧に対する円周角は20°になる。ここから①で∠x＝40°を求め，②の説明にあるように∠y＝60°と∠z＝80°を求め，「ア　∠y＜∠z」が選択されていれば，「おおむね満足できる」状況（Ｂ）と判断することができる。さらに，②の説明や弧の長さと中心角や円周角の大きさの比例関係などを用いて∠y＜∠zが説明されていれば，「十分満足できる」状況（Ａ）と判断することができる。

なお，本テスト問題では，点Ｄと点Ｆを結んで∠ＡＦＤを∠aと設定して，∠yと∠aの大きさを比較させることもできる。また，円周の線分のひき方を変えることで他の角を求める問題にして「知識・技能」を見取ることも可能である。

5 学習評価アイデア

本単元で「知識・技能」を評価するには，「円周角の定理の逆を使って４点が１つの円周上にあるかを判断することができる」ことを見取る問題を取り入れることもできる。

例えば，『略案』（pp.88-89，授業例３）では，４点が１つの円周上にある場合の点のとり方を学習している。そこで，円周角の定理の逆を使って４点Ａ，Ｂ，Ｃ，Ｄが同じ円周上にあるかを判断させる右のようなテスト問題も考えられる。図の示し方によって，生徒はアを正答として選択する場合がある。ウを選択し，線分ＢＣの同じ側にある∠Ａ＝∠Ｄになることが理解されているかを見取るようにしたい。

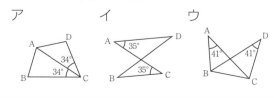

次のア〜ウの中で，４点Ａ，Ｂ，Ｃ，Ｄが同じ円周上にあるものを１つ選び，また，それを選んだ理由を簡単に記述しなさい。

2　「思考・判断・表現」のテスト問題例

1　評価規準

・円周角の定理を活用して証明することができる。

2　テスト問題

> 　右の図で，4点A，B，C，Dは円Oの円周上の点で，線分AC
> と線分BDの交点をPとします。線分BDが∠ABCの二等分線に
> なるとき，次の問いに答えなさい。
> 　　①　△ACDはどんな三角形になるかを答えなさい。
> 　　②　①になることを証明しなさい。

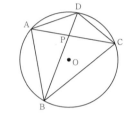

3　問題作成のねらい ［『略案』第3学年 pp.90-91，授業例4］

　このテスト問題では，△ACDが二等辺三
角形であることを証明するために，円周角の
定理を適切に活用することができるかを評価
する。

　『略案』では，右のようにxの値を求める
問題を提示している。授業例4では，ABと
DCなどに補助線をひき，円周角の定理を用
いて2つの三角形の相似を証明し，相似から
対応する辺の比が等しいことを用いて問題を
解決している。

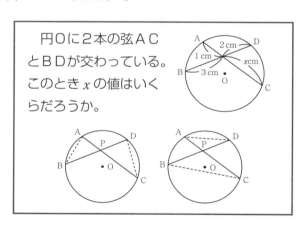

> 　円Oに2本の弦AC
> とBDが交わっている。
> このときxの値はいく
> らだろうか。

　テスト問題①では，与えられた条件から△ACDがどんな三角形になるかを考えさせる。直
観的に二等辺三角形と判断できるように，三角形の相似が想起しやすい図を提示することとし
た。②では，「2つの辺が等しいこと」や「2つの角が等しいこと」のどちらを選択しても，
円周角の定理を活用しながら証明することができるような問題を設定した。

4 評価の視点および解答例

【「おおむね満足できる」状況（B）】

・円周角の定理を活用しながら，△ACDが二等辺三角形であることを証明することができる。

【解答例】

① 二等辺三角形

② 次のアかイの証明

ア 「2つの辺が等しいこと」の証明

仮定より ∠ABD＝∠CBD

等しい円周角に対する弧は等しいので $\overparen{AD}＝\overparen{CD}$

等しい弧に対する弦の長さは等しいので AD＝CD

したがって，△ACDは二等辺三角形である。

イ 「2つの角が等しいこと」の証明

仮定より ∠ABD＝∠CBD

円周角の定理より ∠ABD＝∠ACD ∠CBD＝∠CAD

よって ∠ACD＝∠CAD

したがって，△ACDは二等辺三角形である。

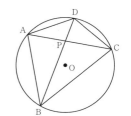

このテスト問題では，与えられた条件からどのように証明しているかの記述から「思考・判断・表現」を評価する。①で二等辺三角形と答え，②の証明の記述が不十分であったとしても，「AD＝CD」が等しいこと，または「∠ACD＝∠CAD」が等しいことが導かれていれば，「おおむね満足できる」状況（B）にあると判断できる。さらに，【解答例】②の証明の中で「円周角と弧，弦の性質を用いて2つの辺が等しいこと」や「円周角の定理と仮定を用いるなどして2つの角が等しいこと」を正しく表現している記述があれば，「十分満足できる」状況（A）と判断することができる。

5 学習評価アイデア

『略案』（p.90，授業例4）の問題図をもとに，「思考・判断・表現」は，円周角の定理と既習の角の性質を組み合わせて考察する場面で評価することもできる。

右のテスト問題は，「2 テスト問題」にAB∥DCの条件を加えたものである。円周角の定理と平行線の性質を活用

> 4点A，B，C，Dは円Oの円周上の点で，AB∥DCである。対角線AC，BDの交点をPとします。
>
> 対角線BDが∠ABCの二等分線になるとき，△ABC∽△CBPを証明しなさい。

しながら相似条件を満たすかどうかを考察し，論理的に証明ができるかを見取ることができる。

3 「知識・技能／主体的に学習に取り組む態度」のテスト問題例

1 評価規準

・円周角の定理を活用し，円の接線を作図することができる。　　　　　　　　　【知識・技能】

・作図しようとした直線が円の接線になるかを正しく判断したり，その間違いを指摘したり

しようとしている。　　　　　　　　　　　　　　　　　　　　　【主体的に学習に取り組む態度】

2 テスト問題

次の会話は，点Aから円Oに接線をひく作図方法を考えている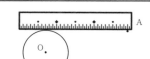
ときのやりとりです。

このとき，①〜③の問いに答えなさい。

> 太郎：点Aを通って，円Oに接するように定規で直線をひきます。
>
> 花子：違いますよ。接点Pを作図で見つけて，２点P，Aを通る直線をひきます。
>
> 太郎：なるほど。その接点の作図は，　　　　　　　　　　を使えばできそうですね。

① 下線——にある太郎さんの方法が間違っている理由を簡単に説明しなさい。

② 太郎さんの□に入る言葉として，ふさわしくないものを下のア〜エから，１つ選
びなさい。

　　ア　円の接線の性質　　　　　　　　イ　垂直二等分線

　　ウ　円周角の定理　　　　　　　　　エ　二等辺三角形の性質

③ 花子さんのアドバイスをもとに，点Aから円Oへの接線を作図しなさい。

3 問題作成のねらい ［『略案』第３学年 p.85，問題６］

　このテスト問題では，本単元で学習した円の接線の作図を振り返り，与えられた方法が正し
いかを判断し，修正しながら正しく作図することができるかどうかを評価する。

　『略案』では，右の問題から接線をひくた
めに接点Pに焦点を当て，接点を通る半径と
接線が垂直に交わるために円周角の定理を用
いて作図する授業例を紹介している。

　テスト問題①では，定規で直線をひいても，

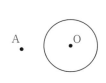

> 点Aから円Oに接線を
> 引くには，円Oの円周上
> のどこに接点Pを作図す
> るとよいだろうか。

正確な円の接線とはいえないことが理解できているかを問う設問とした。②では，花子のアド

バイスをもとに何を根拠に作図するかを想起させ，③では，花子のアドバイスをもとに，②の性質を用いた考え方や本単元の学習を振り返りながら作図ができるかどうかを問う設問とした。

4　評価の視点および解答例

このテスト問題における「知識・技能」の評価については，半円の弧に対する円周角が垂直に交わることを根拠に垂直二等分線を作図し，円Oに2つの接点が正しく作図されているかどうか見取るようにする。生徒の解答例❶，❷の②で，円周角の定理を用いて90°を作図して接点を見つける方法を理解し，③で作図ができていれば，「知識・技能」の評価は「十分満足できる」状況（A）と判断できる。

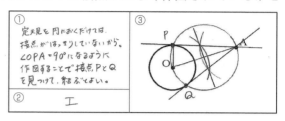

生徒の解答例❶

「主体的に学習に取り組む態度」の評価には，花子のアドバイスからどこが不鮮明なのかに気付き，その点を指摘できるかどうかを見取るようにする。また，①は花子のアドバイス通りに「接点が明確ではない」ことを指摘できるかどうかが要である。例えば，生徒の解答例❶の①で，∠OPA＝90°になるように

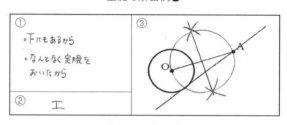

生徒の解答例❷

作図して接点を見つけるような記述などがあれば，「十分満足できる」状況（A）と判断できる。生徒の解答例❷の①で，接点の指摘がなくとも「下にもある」など点Aからの接線が複数あることに気付く状況が伺えれば，「主体的に学習に取り組む態度」の評価は「おおむね満足できる」状況（B）と判断できる。

5　学習評価アイデア

本単元で「主体的に学習に取り組む態度」を評価するためには，生徒自身が既習の図形の性質について，円周角の定理を学習することで明確になった事実を活用する姿勢を評価したい。

例えば，第1学年で学習した円と接線の関係について，右のテスト問題で接線の長さの関係から「○○すれば，もっと△△できそうだ」と振り返りながら考える姿から「主体的に学習に取り組む態度」を評価することも考えられる。

> 図のように，△ABCのそれぞれの辺が点D，E，Fで円Oと接しています。BC＝14cmで，△ABCの周の長さが42cmです。このとき，線分ADの長さの求め方を説明しなさい。

1 「知識・技能」のテスト問題例

1 評価規準

・三平方の定理を活用して，平面図形の長さや面積を求めることができる。

2 テスト問題

> 右の図のように，1組の三角定規®と⑩を辺ＡＣが重なるよう
> においたとき，次の問いに答えなさい。
> ① 辺ＡＢ＝$\sqrt{3}$のとき，辺ＡＤの長さを求めなさい。
> ② 辺ＡＣ＝$\sqrt{12}$のとき，三角定規®と⑩の面積を比べると
>   どちらの面積がどれだけ大きいのかを説明しなさい。

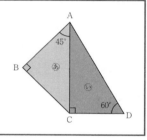

3 問題作成のねらい ［『略案』第３学年 p.100，授業例３］

このテスト問題では，1辺が重なった1組の三角定規の長さや面積を三平方の定理を活用して求めることができるかどうかを評価する。

『略案』では，1辺が8㎝の正三角形の面積を求める右のような問題を提示し，三平方の定理を用いて三角形の高さを求めて問題を解決する学習を行っている。

1辺の長さが8㎝
の正三角形の面積は
求められるだろうか。

正三角形の場合，1辺の長さがわかれば高さが求められ，面積を求める公式をつくる学習に発展することができる。また，その延長として三角定規には定まった比の関係があることも学習する。このように，三平方の定理を活用することで，わからなかった線分の長さが求められることを実感する授業を行っている。

テスト問題①では，辺ＡＢの長さをもとに三角定規の比を用いて他の辺の長さを求めることができるかどうか，②では，辺ＡＣの長さをもとに®と⑩の面積を求めるために必要な辺の長さを求めて面積の大小の比較ができるかどうかを見取る設問とした。

4 評価の視点および解答例

【「おおむね満足できる」状況（B）】

・三平方の定理を活用しながら，１辺が重なった１組の三角定規のそれぞれの辺の長さや面積を求めることができる。

【解答例】

① $2\sqrt{2}$

② ⓘの方が（$2\sqrt{3}-3$）だけ大きい。

（説明）

ⓐの面積は，高さをＡＢ，底辺をＢＣとするとＡＢ＝ＢＣ＝$\sqrt{6}$で，$\sqrt{6}\times\sqrt{6}\times\dfrac{1}{2}=3$

ⓘの面積は，高さをＡＣ＝$\sqrt{12}$とすると底辺ＣＤ＝２で，$\sqrt{12}\times2\times\dfrac{1}{2}=\sqrt{12}=2\sqrt{3}$

ⓘの面積の方が（$2\sqrt{3}-3$）だけ大きい。

このテスト問題では，重なった辺ＡＣの長さをもとに三角定規の各辺の長さや面積の求め方から「知識・技能」を評価する。左の直角二等辺三角形の辺の比１：１：$\sqrt{2}$や右の直角三角形の辺の比１：２：$\sqrt{3}$を使い，①では，ＡＢ＝$\sqrt{3}$からＡＣ＝$\sqrt{6}$，ＡＤ＝$2\sqrt{2}$，②では，ＡＣ＝$\sqrt{12}$からＡＢ＝ＢＣ＝$\sqrt{6}$，ＣＤ＝２を求めることができる。このように，①のＡＣ，また，②のＡＢ，ＢＣ，ＣＤの長さからⓐとⓘの面積を求めることができれば，「おおむね満足できる」状況（B）にある。さらに，②でⓐとⓘの面積から３＝$\sqrt{9}$と$2\sqrt{3}=\sqrt{12}$の大小を比較し，ⓘの面積の方が大きいことが説明されていれば，「十分満足できる」状況（A）にあると判断することができる。

なお，本テスト問題では，三角定規の辺の比に考慮して，複雑な計算にならない数値設定をしている。生徒の実態に応じて重ねる辺を変更したり，与える数値を工夫したりすることで，計算技能の定着を見取ることも可能である。

5 学習評価アイデア

本単元では，平面図形や空間図形において，三平方の定理を活用して線分の長さや面積・体積を求める学習をする。「知識・技能」を評価する上では，直接測れなくても解決に必要な直角三角形に着目し，三平方の定理を活用することで必要な長さや値が求められるかを見取ることができるテスト問題を作成したい。

『略案』（p.96，問題９）では，２つの円錐の体積と側面積を比較した学習と授業を行っている。『略案』（p.100，授業例３）の正三角形の面積を求める学習とを合わせて，１辺の長さをもとに解決し

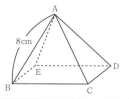

１辺の長さが８cmの正四角錐があります。この正四角錐の高さをどのように求めるとよいか，高さとその求め方を説明しなさい。

ていく。右のテスト問題では，頂点Ａから高さとなる垂線を底面ＢＣＤＥにひき，その長さを求めるにはどのように三平方の定理を活用すればよいかを考える姿を見取るようにしたい。

2　「思考・判断・表現」のテスト問題例

1　評価規準

・座標平面の中から直角三角形を見つけ，三平方の定理を活用して問題を解決することができる。

2　テスト問題

> 右の図で，①は関数 $y=\dfrac{1}{2}x^2$，②は関数 $y=x+4$ のグラフです。①と②の交点をA，Bとすると，その x 座標は，それぞれ－2，4になります。
>
> 点AとO，BとOを結んで△AOBをつくるとき，△AOBはどんな三角形になるかを説明しなさい。

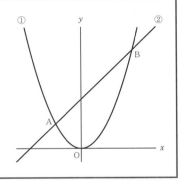

3　問題作成のねらい［『略案』第3学年 p.95，問題7］

　このテスト問題では，座標平面上で三平方の定理や三平方の定理の逆が活用できるかどうかを評価する。関数の問題を考える中で，座標から直角三角形を見つけ，AO，BO，AB，それぞれの長さを求められるかを見取るようにしたい。

　『略案』では，右の問題を用いて座標平面上に3点をとり，3辺の長さをそれぞれ求め，三平方の定理の逆を活用して直角三角形かどうかを判断する授業例を提示している。

　本テスト問題は，三平方の定理を活用して点A，B，Oの x 座標と y 座標から3辺の長さを求め，その値から2辺が等しくなっているかどうか，また，三平方の定理の逆を活用して直角があるかどうかを判断し，それを説明することができるかを問う設問とした。

> 　座標平面に3点O，A，Bをとる。それぞれの座標が，O（0，0），A（4，2），B（－2，4）のとき，△OABはどんな三角形になるだろうか。

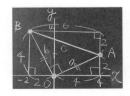

4 評価の視点および解答例

【「おおむね満足できる」状況（B）】

・三平方の定理や三平方の定理の逆を活用して，放物線と直線の交点と原点でつくられた三角形が直角三角形になるかどうかを判断することができる。

【解答例】

△ＡＯＢは∠ＢＡＯ＝90°の直角三角形　＊説明は㋐から㋓の流れを示す。

　㋐　２点Ａ，Ｂの座標は，Ａ（－２，２），Ｂ（４，８）になる

　㋑　ＡＯ，ＢＯの長さは，ＡＯ＝$2\sqrt{2}$，ＢＯ＝$4\sqrt{5}$になる

　㋒　ＡＢの長さは，$6\sqrt{2}$になる

　㋓　ＢＯ^2＝80とＡＢ^2＋ＡＯ^2＝80より，∠ＢＡＯが直角になる

　このテスト問題では，座標平面上の２点間の距離の求め方や直角になることの説明から「思考・判断・表現」を評価する。△ＡＯＢがどんな三角形になるかを考える上で，２辺が等しいかどうか，また，直角があるかを調べるために三平方の定理を活用して㋐～㋓の流れで説明ができていれば，「おおむね満足できる」状況（Ｂ）と判断することができる。さらに，「三平方の定理」と「三平方の定理の逆」という用語を区別しながら考察している説明ができていれば，「十分満足できる」状況（Ａ）と判断することができる。また，ＡＢやＢＯの距離については，直角二等辺三角形の比や正方形の対角線の長さの比を用いることができるので，そういった考え方から求めることができた場合も評価は（Ａ）と判断することができる。

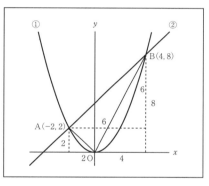

5 学習評価アイデア

　本単元における「思考・判断・表現」の評価は，三平方の定理を活用して座標平面上の３辺の長さを求めるとともに，三平方の定理の逆を活用してその三角形に直角があるかどうかを判断しているかで見取ることもできる。例えば，『略案』（p.95，問題７）では，座標平面にとった３点で三角形をつくり，どんな三角形になるかを考察させている。

　右のテスト問題では，Ａ～Ｄの４点から直角二等辺三角形になりそうな３点を選び，三平方の定理や三平方の定理の逆を活用しながら，授業で学んだ考え方をもとに各辺の長さや角について考察する姿を見取ることができる。

> 　図のように座標平面に４点Ａ，Ｂ，Ｃ，Ｄをとります。この４点から３点を選んで三角形をつくるとき，直角二等辺三角形になるものを記号で答え，その理由を説明しなさい。
>
> Ｃ(1, 3)
> Ｄ(−2, 2)　　Ｂ(3, 2)
> Ｏ　　Ａ(2, 0)

3 「知識・技能／主体的に学習に取り組む態度」のテスト問題例

1 評価規準

・三平方の定理を活用して平面図形の長さを求めることができる。　　　　　　【知識・技能】

・身のまわりにある事象に三平方の定理を活用し，問題を解決しようとしている。

【主体的に学習に取り組む態度】

2 テスト問題

　太郎さんがテレビを買いに店に行くと「40」「45」「48」の3種類のサイズが売られていました。家のテレビを置くスペースは横幅が1mしかありません。店員に相談すると，「表示サイズはテレビの縦や横の長さではなく対角線の長さで，単位はインチです。縦と横の長さの比は9：16になっていますよ。」とアドバイスされました。この店にあるテレビで太郎さんの家に置ける最大のサイズは3種類の中のどれかを選び，その理由を説明しなさい。

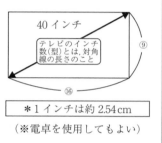

40インチ

テレビのインチ数（型）とは，対角線の長さのこと

⑨

⑯

＊1インチは約2.54cm

（※電卓を使用してもよい）

3 問題作成のねらい [『略案』第3学年 p.102，授業例5]

　このテスト問題では，本単元で学んだ三平方の定理を身のまわりにある事象に活用して問題を解決することができるかどうかを評価する。

　『略案』では，右のように地球を球とみなし，見渡せる範囲を接線の線分の長さとして直角三角形を見いだし，地球の半径や富士山の高さを使って三平方の定理を活用する授業を行っている。

　本単元の学習を踏まえて，本テスト問題では，テレビ購入の場面に焦点を当てる。店員からの説明をもとに，三平方の定理を活用してテレビの縦

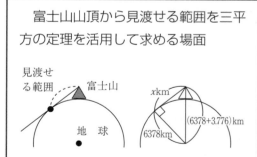

富士山山頂から見渡せる範囲を三平方の定理を活用して求める場面

見渡せる範囲

富士山

$x$km

地　球

(6378+3.776)km

6378km

と横の長さの比や対角線の長さから必要とする長さを求め，問題を解決することができるかを問う設問とした。

4 評価の視点および解答例

このテスト問題における「知識・技能」の評価については，三平方の定理を活用しながら長さを求めることができるかを見取るようにする。「主体的に学習に取り組む態度」の評価については，テレビの縦と横，対角線で直角三角形とみて三平方の定理を用いて解決の見通しがもてるかを見取るようにする。

生徒の解答例❶，❷では，テレビの縦と横，対角線の関係から直角三角形を見いだし，三平方の定理や比例式を用いて横の長さを求めている。生徒の解答例❶は「45」の横の長さが1m以内に収まるところまで求められているので「知識・技能」の評価は「十分満足できる」状況（A）と判断できる。「主体的に学習に取り組む態度」の評価は，縦と横の比9：16を用いて横の比や対角線の比を三平方の定理を用いて求めようとしている状況が伺えれば「おおむね満足できる」状況（B）と判断できる。その上で，生徒の解答例❶のよ

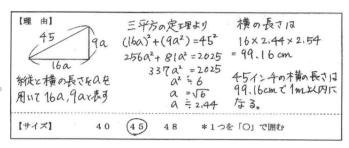

生徒の解答例❶

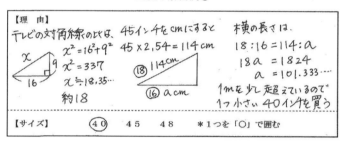

生徒の解答例❷

うに，電卓を使いながら三平方の定理を用いて $a ≒ \sqrt{6}$ または2.44のように横の比や対角線の比まで求めようとしている状況であれば（A）と判断できる。また生徒の解答例❷のように，概数を用いたことによって横の長さ1mを超えてしまい「40」を選択したとしても，理由の説明としては三平方の定理を用いて比や長さを求めようとしていることが読み取れるため，（A）と判断することができる。

5 学習評価アイデア

本単元で「主体的に学習に取り組む態度」を評価するためには，必要とする長さを求める際に生徒自らが直角三角形を見いだし，三平方の定理を活用する姿を見取ることが重要である。

右のテスト問題では，身のまわりにある事象について三平方の定理を活用しながら問題を解決しようとすることが期待される。なお，等高線の地図を用いて出題するなどの工夫によって，「思考・判断・表現」を合わせて評価することが考えられる。

> 函館山ロープウェイは，ふともの駅と山頂の駅の間の水平距離が約800m，垂直距離が約300mあります。ロープウェイを直線と考えると，その長さは約何mになるかを説明しなさい。

1 「知識・技能」のテスト問題例

1 評価規準

・全数調査と標本調査の意味を理解している。

2 テスト問題

次のア〜エの４つの調査について，次の問いに答えなさい。

> ア　中学校で行う健康調査　　イ　５年ごとに日本で行う国勢調査
> ウ　新聞社で行う世論調査　　エ　空港で飛行機に乗る人が受ける手荷物検査

① 標本調査が適しているものをア〜エから１つ選び，そう考えた理由も説明しなさい。

② ①で答えたものの他に標本調査が適している調査の例を「□□□で行う□□□」の形で答えなさい。

3 問題作成のねらい [『略案』第３学年 p.106, 授業例１]

このテスト問題では，全数調査と標本調査の意味を理解し，身のまわりで行われている調査で適しているのは，全数調査と標本調査のどちらか判断できるかを評価する。

『略案』では，右の問題を通して標本調査を学習し，すべてを調査するには多くの時間や労力，費用がかかることから，一部を調べて全体の傾向を調べる方法があることを理解する。それと同時に，全数調査と標本調査の互いのよさや困難さを比較する中で，どちらの調査が適しているかを考えながら理解を深める授業を行っている。

> ある辞典の帯に約42000語の見出し語があると書かれている。約42000語が載っているかを調べるには，どのような方法があるだろうか。

テスト問題①では，調査対象全体から一部を取り出して調べることで全体の傾向がわかればよいのはどれかを選び，その理由を答えることができるか，②では，身のまわりで行われる標本調査の他の例を答えることができるかを問う設問とした。

4 評価の視点および解答例

【「おおむね満足できる」状況（B）】

・各種調査について標本調査が適しているものを正しく判断し，その方法で調査する理由を理解している。

【解答例】

① ウ （理由）時間や労力がかかるから など

② 「缶詰工場で行う品質検査」「日本海で行う魚の生息数の調査」 など

　このテスト問題では，それぞれの調査を全数調査と標本調査で区別し，その調査を行う理由から「知識・技能」を評価する。テスト問題で提示した４つの調査は，３つの全数調査と１つの標本調査があり，①でその標本調査が適しているものを正解し，また，②で身のまわりで行われる標本調査の例を答えることができれば，「おおむね満足できる」状況（B）にあると判断できる。その上で，①の理由として，標本調査については費用が少なくてすむよさや調査対象が多すぎて全数調査が困難であること，また，全体の傾向が推定できれば十分であることなどを理由として説明できていれば，「十分満足できる」状況（A）にあると判断することができる。

　なお，本テスト問題では標本調査に焦点を当てているが，全数調査と標本調査の両方に焦点を当てて理由を説明させることで，それぞれの調査の意味理解ができているかを見取ることも可能である。

5　学習評価アイデア

　本単元では，資料の数の多い母集団の傾向を知るために，その一部を標本として取り出して調べ，その傾向から母集団全体の傾向などが考察できることを学習する。本単元で「知識・技能」を評価する上では，標本調査の必要性や意味を理解し，調査する際の標本の抽出方法の具体を理解しているかを見取ることができるテスト問題を作成したい。

　『略案』（p.107，授業例２）では，無作為に標本を抽出する方法を学習している。偏りが生じないように，公平なくじやICT機器を用いて乱数を発生させて選ぶ方法を学んでいる。標本の選び方として無作為抽出について説明できるかを問う問題として，例えば右のようなテスト問題を出題することも考えられる。

> 　ある中学校で全校生徒800人を母集団とする標本調査で，毎日の家庭学習時間を調査することになりました。標本の大きさを80とするとき，標本の選び方として適切な方法をア〜ウから１つ選び，そう考えた理由も説明しなさい。
>
> 　ア　２年生の中からくじ引きで80人を選ぶ
>
> 　イ　全校生徒の中からくじ引きで80人を選ぶ
>
> 　ウ　調査協力してくれる人を募集して先着順に80人を選ぶ

1 評価規準

・具体的な場面で，標本調査から母集団の数量を推定する方法を考えることができる。

2 テスト問題

250巻まで発売されたマンガで，主人公の総登場回数を調べるために標本調査を実施しました。右の表は250巻から標本の10巻を無作為に抽出した調査巻，あは調査巻の頁数，いは調査巻で10頁を抽出した主人公の登場回数の合計，うは調査巻で推定される登場回数をまとめたものです。右の表のデータをもとに，次の問いに答えなさい。

調査巻	あ	い	う
第10巻	215頁	11回	236.5回
第37巻	235頁	8回	188.0回
第51巻	234頁	10回	234.0回
第65巻	204頁	11回	224.4回
第80巻	217頁	7回	151.9回
第100巻	224頁	12回	268.8回
第184巻	206頁	20回	□回
第195巻	213頁	9回	191.7回
第222巻	223頁	7回	156.1回
第234巻	204頁	10回	204.0回
合計	2175頁	105回	2267.4回

① 右の表にある□に当てはまる数を答えなさい。また，どのように求めたのか説明しなさい。

② 全250巻で推定される主人公の総登場回数はおよそ何回かを求め，その求め方も説明しなさい。

3 問題作成のねらい [『略案』第３学年 p.105，問題４]

このテスト問題では，標本調査から得たデータを的確に読み取り，母集団の数量の推定に活用できるかどうかを評価する。

『略案』では，右の問題をもとに標本調査を具体的に進める手順やデータを活用した母集団の大きさの推定方法について考える授業を行っている。

養殖の池の中にいる金魚の数を調べたい。はじめに池にいる金魚を数匹か捕まえて，印をつけてから池に戻した。この後どうすれば，金魚全体の数を推定できるだろうか。

テスト問題①では，標本調査の結果として，各データがどのようにまとめられているかを読み取ることができるか，②では，主人公の総登場回数を推定するために，データをどのように活用するとよいのかを見取る設問とした。

4 評価の視点および解答例

【「おおむね満足できる」状況（B）】

・標本調査から得たデータを的確に読み取り，母集団の数量を推定する方法を考えることができる。

【解答例】

① 412 （説明）第184巻は，ⓘで主人公が20回登場しているので1頁につき2回登場する。全206頁あるのでⓤは，206×2＝412である。

② 約57000回 （説明）表より，調査された巻の推定登場回数の合計が2267.4回ということは，1巻に主人公が登場する平均は2267.4回÷10＝226.74回になる。全250巻では，226.74×250＝56685なので，約57000回登場する。

　このテスト問題では，標本調査を通して全250巻のマンガを題材に主人公の総登場回数を推定する説明から「思考・判断・表現」を評価する。問題で提示した表は，無作為に抽出した調査巻の標本調査から，各巻の頁数ⓐとその巻から10頁抽出した登場回数の合計ⓘを調べ，（ⓘ÷10）×ⓐで抽出されたⓤ調査巻の推定登場回数を示している。これを読み取り①で412を求める説明ができれば，「おおむね満足できる」状況（B）にあると判断できる。その上で，②の記述で「1巻の主人公の登場平均226.74回」を導き，主人公の総登場回数である約57000回を推定する説明ができれば，「十分満足できる」状況（A）にあると判断できる。

　なお，②では，10.5×2175÷100×250≒57000など，1巻の登場平均だけではなく，1頁の登場回数の平均から総登場回数を求めようとしていた場合も（A）と判断できる。

5 学習評価アイデア

　本単元における「思考・判断・表現」の評価は，実際に標本調査を行う場面で気を付ける点を把握して実施できるかなど，その取組から見取ることが可能である。

　例えば，『略案』（p.110，授業例4）では，集団の実態を調査する上で標本調査の仕方で気を付ける点を考える授業を行っている。右のテスト問題のように，手間なく適切に結果を推定できるかどうかを考えさせることで評価することもできる。

> 「あなたはスマホを持っていますか？」
> 　旭川駅で中学生30人にアンケート調査を行いました。実際調査すると，30人中30人全員が持っていると回答がありました。このことから旭川の中学生は全員がスマホを持っていると推定しました。
> 　この推定方法でよいかどうかを説明しなさい。

1 評価規準

・目的に応じて全数調査と標本調査を使い分けることを理解している。　　　　　【知識・技能】

・ある事柄の傾向を読み取るために，全数調査と標本調査それぞれの特徴やよさを理解し，
目的に応じた適切な調査をしようとしている。　　　　　　　　【主体的に学習に取り組む態度】

2 テスト問題

全100巻のマンガについて，太郎さん，花子さん，幸子さんの3人の会話を読み，次の問いに答えなさい。

太郎：このマンガは表紙のほとんどに主人公が登場しているのかな？

花子：100巻くらいなら私がすぐに全巻調べてあげるよ。

幸子：無作為に10巻を選んでそれを調べれば全巻調べなくても傾向がわかるよ。

① 幸子さんが無作為に10巻を抽出して表紙を調べると，10巻中9巻に主人公が登場していました。100巻の表紙でおよそ何巻に主人公が登場すると推定されるかを説明しなさい。

② 花子さんが全巻の表紙を調べると，100巻中94巻に主人公が登場していることがわかりました。

　　花子：すべて調べた方が正確なデータがわかるよ。

　　幸子：そうですね。私の調べ方では，もっと＿＿＿正確なデータ近づきますよ。

　　この＿＿＿に入る幸子さんの会話の一部を書きなさい。

③ 太郎さんは100巻（合計約20000頁）で主人公がおよそ何回登場するかを調べようとしています。あなたが太郎さんなら，花子さんと幸子さんのどちらの方法で調べますか。その理由も説明しなさい。

3 問題作成のねらい ［『略案』第3学年 p.110，授業例4］

　このテスト問題では，本単元で学んだ標本調査と全数調査の特徴を比較しながら適切な調査方法を選択することができるかどうかを評価する。

　『略案』では，標本調査を活用する場面として全校生徒の睡眠時間の傾向を推定する授業例を紹介している。2時間扱いで調査計画などを検討しながら注意点を整理し，調査を実施して，データ収集，傾向の推定を行うことで標本調査の理解を深めている。

テスト問題①は，与えられた標本のデータから母集団の傾向を推定できるか，②は，標本の大きさが大きいほど母集団の状況に近づくことを理解しているか，③は，太郎の立場に立って全数調査と標本調査のどちらを進めるか理由をふくめて問う設問とした。

4 評価の視点および解答例

このテスト問題における「知識・技能」の評価については，標本調査から得たデータをもとに母集団の傾向が推定できるか，そして，標本の大きさによって推定した結果に差が出ることを理解しているかどうかで見取る。「主体的に学習に取り組む態度」の評価については，約20000頁を調査する際に，全数調査と標本調査のどちらを選択したかでそのメリットやデメリットを説明できるかどうかで見取る。

生徒の解答例❶では，①で90回を求め，②で標本の大きさについて答えているので，「知識・技能」の評価は「十分満足できる」状況（A）と判断できる。解答例❷の②では，偏りが生じる抽出方法を指摘していることから「おおむね満足できる」状況（B）と判断できる。「主体的に学習に取り組む態度」の評価は，解答例❶の③で幸子の方法を標本調査と捉えたり，解答例❷の③で花子の方法を全数調査と捉えたりしている状況が伺えれば（B）と判断できる。そ

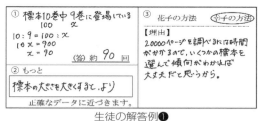

生徒の解答例❶

生徒の解答例❷

の上で，標本調査なら母集団の傾向が把握できれば十分である記述，また全数調査であれば正確な数値が得られるなど各調査のよさ，逆に時間や労力など調査に相対するデメリットが説明できていれば（A）と判断できる。

5 学習評価アイデア

本単元で「主体的に学習に取り組む態度」を評価するためには，標本調査の特徴を理解し適切な方法で調査しようとする姿を見取ることが重要である。

右のテスト問題のように全数調査と標本調査について比較した上で，実際に行われている調査がなぜ標本調査で行われるのかなど，目的を問う問題も考えられる。また，

> 駅前で「今年の10大ニュース」のアンケート調査を100人に行う際，気を付けなければならない点を答えなさい。

「日常生活の中で調べてみたいことを探し，それにふさわしい調査の方法を説明しなさい。」という問題について小レポートにまとめさせ，その内容を通して「主体的に学習に取り組む態度」を評価することもできる。

【執筆者紹介】（所属先は執筆時，＊は執筆担当箇所）

相馬　一彦（北海道教育大学名誉教授）
　　　　　　＊Chapter 1　1，2

谷地元直樹（北海道教育大学教授）
　　　　　　＊Chapter 1　3，4，5　　Chapter 2　1

上村　康人（北海道岩見沢市立緑中学校教諭）
　　　　　　＊Chapter 2　2　　Chapter 4　5

坂下　賛匠（北海道余市町立旭中学校教諭）
　　　　　　＊Chapter 4　2，4

菅沼　純治（北海道教育大学附属旭川中学校教諭）
　　　　　　＊Chapter 4　6，7，8

菅原　　大（北海道教育大学附属旭川中学校主幹教諭）
　　　　　　＊Chapter 2　7　　Chapter 3　6，7

鈴木　靖典（北海道下川町立下川中学校教諭）
　　　　　　＊Chapter 3　1　　Chapter 4　3

中野　正博（北海道遠軽町立遠軽中学校教諭）
　　　　　　＊Chapter 2　3　　Chapter 3　5

中本　　厚（北海道旭川市立広陵中学校教諭）
　　　　　　＊Chapter 2　5　　Chapter 3　4

沼澤　和範（北海道旭川市立中央中学校教諭）
　　　　　　＊Chapter 3　2，3　　Chapter 4　1

早川　裕章（北海道旭川市立神居東中学校教諭）
　　　　　　＊Chapter 2　4，6

【編著者紹介】

相馬　一彦（そうま　かずひこ）

1954年生まれ，筑波大学附属中学校教諭，北海道教育大学助教授（旭川校），北海道教育大学教授を経て，現在，北海道教育大学名誉教授。
主な著書に，『数学科「問題解決の授業」』明治図書（1997），『「予想」で変わる数学の授業』明治図書（2013），『数学科「問題解決の授業」ガイドブック』明治図書（2017），『中学校数学科の授業改善』明治図書（2020），『単元指導計画＆略案でつくる中学校数学科「問題解決の授業」』明治図書（2021）などがある。
中学校数学教科書（大日本図書）著者。

谷地元　直樹（やちもと　なおき）

1973年生まれ，旭川市立広陵中学校，当麻町立当麻中学校，剣淵町立剣淵中学校，北海道教育大学附属旭川中学校，旭川市立永山南中学校教諭，北海道教育大学准教授（旭川校）を経て，現在，北海道教育大学教授。
主な著書に，『中学校数学科の授業改善』明治図書（2020），『単元指導計画＆略案でつくる中学校数学科「問題解決の授業」』明治図書（2021）などがある。
中学校数学教科書（教育出版）著者。

新３観点対応！中学校数学科「問題解決の授業」の
テスト問題＆学習評価アイデアブック

| 2022年7月初版第1刷刊 | ©編著者 | 相　馬　一　彦 |
| 2023年7月初版第2刷刊 | | 谷地元　直　樹 |

発行者　藤　原　光　政
発行所　明治図書出版株式会社
http://www.meijitosho.co.jp
（企画）木山麻衣子（校正）有海有理
〒114-0023　東京都北区滝野川7-46-1
振替00160-5-151318　電話03(5907)6702
ご注文窓口　電話03(5907)6668

＊検印省略　　　　　組版所　広　研　印　刷　株　式　会　社

Printed in Japan　　　　　ISBN978-4-18-357722-1
もれなくクーポンがもらえる！読者アンケートはこちらから

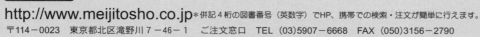